JN440611

영어 쓰기 교육의 이해

박혜숙

영어 쓰기 교육의 이해

박혜숙

한국문화사

영어 쓰기 교육의 이해

저자와의
협의하에
인지생략

1판1쇄 · 2006년 6월 20일
1판2쇄 · 2011년 4월 20일

저 자 · 박 혜 숙
펴낸이 · 김 진 수
편 집 · 문 소 진
펴낸곳 · **한국문화사**
주소 · 서울특별시 성동구 성수1가2동 656-1683번지 두앤캔B/D 502호
전화 · (02)464-7708 / 3409-4488
팩시밀리 · (02)499-0846
등록번호 · 제2-1276호
등록일 · 1991년 11월 9일
홈페이지 · www.hankookmunhwasa.co.kr
이메일 · hkm77@korea.com
가격 · 10,000원

ISBN 89-5726-385-3 93740

머리말

최근 우리 사회에서는 사회적 요청 또는 개인적 필요 등으로 인하여 영어 쓰기(writing)에 대한 관심이 어느 때 보다도 높아지고 있다. 특히, 인터넷의 폭 넓은 사용에 따라 문자 의사소통 능력의 중요성이 더욱 부각되고 있다. 하지만 영어 쓰기의 중요성에 대한 관심의 증대에도 불구하고, 영어 교사 및 영어 교육 관련 전문가들에게 필요한 영어 쓰기 기초도서나 관련 참고도서를 찾기는 힘든 상황이다. 더욱이 영어 쓰기 지도의 이론과 실제를 포괄적으로 다루는 책은 거의 없다. 따라서 영어 교사와 영어 교육 분야 전문가들에게 쓰기 과정과 쓰기 지도에 대한 이해를 넓힐 수 있는 안내서가 절실히 요구되는 시점이다.

이 책은 이러한 사회적 요구에 부응하기 위한 영어 쓰기 교육 입문서로서, 영어 교사와 예비 영어 교사들, 그리고 영어 교육 대학원생들을 대상으로 문자 언어의 특성, 쓰기 언어 기능의 지도법에 대한 다양한 접근 방식, 쓰기 과업의 실제 등 쓰기 지도에 대한 포괄적인 이해를 목표로 하고 있다.

이 책의 전반부는 영어 쓰기와 쓰기 지도를 위한 이론적 배경을 중심으로 구성하였다. 제1장은 영어 쓰기 지도를 위한 기초로 영어 쓰기 능력을 구성하는 지식과 쓰기 지도의 역사적 흐름, 우리나라 쓰기 교육과 연구 현황을 간략하게 소개하였으며, 제2장은 문자 언어가 구어와 어떠한 차이가 있는지 그리고 문자 언어, 특히 쓰기가 사회적 활동에서 담당하는 역할에 대하여 살펴본다. 제3장에서는 문자 텍스트의 언어적 특질을 어휘와 구문, 그리고 문체의 선택 관점에서 살펴보며, 제4장에서는 일반적인 관점에서 문자 텍스트의 구성조직, 사회적 기능과 연관된 문자 텍스트의 조직을 다루고 있다.

후반부는 영어 쓰기 지도와 직접적인 관계를 가지는 영어 학습자의 특성, 쓰기 지도의 접근방식, 실제적인 과업의 유형과 지도, 영어 학습자 글에 대한 교사의 역할과 기능, 그리고 테크놀러지를 이용한 영어 쓰기 지도에 관한 내용으로 구성하였다. 제5장에서는 영어 학습자가 지니는 특성을 개인적 요인과 언어 문화적 관점에서 살펴보며, 제6장에서는 영어 쓰기 지도의 대표적 접근방식인 언어, 기능, 내용, 과정, 장르 접근방식을 비판적으로 살펴본다. 제7장에서는 쓰기 과업의 유형을 문자소, 언어, 작문 과업으로 나누어서 실제 예를 중심으로 살펴본다. 제8장에서는 글쓰기 기술 지도를 중심으로 쓰기 단계에 따른 적절한 지도법에 대하여 살펴본다. 제9장은 영어 학습자의 글에 대하여 교사가 어떻게 반응을 할 수 있는가를 네 가지 관점에서 다루었다. 마지막 장인 제10장에서는 최근의 정보통신기술의 발달을 접목한 영어 쓰기 지도의 방향성에 대하여 다루고 있다.

이 책의 완성에는 Ken Hyland(2003) “Second Language Writing”과 Christopher Tribble(2003) “Writing”이 많은 도움이 되었다. 두 책은 필자

에게 영어 쓰기 교육에 대한 포괄적인 이해와 성찰을 하도록 이끌어 주었으며 이 책을 출판하기까지 든든한 의지가 되었다. 또한 이 책을 빌어서 필자를 영어 습득과 교육 분야에 눈뜨게 하고 학문적으로 뿐만 아니라 인생의 조언자로서 항상 따뜻한 사랑으로 이끌어 주신 고려대학교 박경자 교수님께 감사드린다. 그리고 이 책의 출판을 흔쾌히 허락하여 주신 한국문화사 김진수 사장님에게도 감사를 드린다. 끝으로 책을 준비하는 과정에서 컴퓨터 작업을 즐겁게 도와준 군산대학교 영문학과 김홍춘 선생과 박상금 학생에게도 고마운 마음을 전한다.

2006. 3.
미룡동 연구실에서
박혜숙

차례

1. 영어 쓰기 교육

이 장에서는 영어 쓰기의 개념과 영이 쓰기에 필요한 지식을 생각해 본다. 그리고 영어 쓰기 교육의 역사적 흐름을 간략하게 살펴본다. 마지막 절에서는 우리나라 영어 쓰기 성취기준과 최근 우리나라 영어 쓰기 관련 연구 논문의 주제를 살펴본다.

1.1 영어 쓰기 능력

영어 쓰기(writing)란 문자를 통한 의사소통 행위로 영어 낱말, 어구, 문장을 눈으로 보고 베껴 쓰는 것에서부터 낱말, 어구, 문장을 글로 표현하는 능력, 자신의 생각과 느낌, 경험을 영어 글로 표현하는 행위를 포함한다. 이러한 영어 쓰기는, 모국어로나 외국어로나, 자연스런 노출을 통해서 습득되는 말하기(speaking)나 듣기(listening)와 같은 언어 기능(language skills)과는 달리 노력을 요하며 보다 복잡한 사고의 과정을 통하여 습득되어지는 상대적으로 어려운 언어 기능이다.

일반적으로 영어 학습자가 영어를 사용하여 성공적으로 (구두 또는 문자) 의사소통을 하기 위해서는 다음과 같은 의사소통 능력을 갖추어야 한다(Canale & Swain, 1980).

문법적 능력(grammatical competence) 어휘, 문법, 발음, 철자, 단어형성 등 언어학적 코드에 대한 능력이다.

담화 능력(discourse competence) 문장이상의 수준에서 형식의 응집력(cohesion)과 사고의 일관성(coherence)을 얻기 위해 메시지를 결합하는 능력이다.

사회언어학적 능력(sociolinguistic competence) 다양한 사회맥락에서 적절하게 발화를 사용하고 이해하는 정도를 말한다.

전략적 능력(strategic competence) 언어 지식의 한계를 극복하기 위해 모르는 단어를 쉽게 풀어서 다른 말로 하거나 언어 이외의 자원(몸짓, 동작, 그림 등)을 사용하는 능력이다.

이러한 의사소통 능력의 구성성분을 토대로 영어로 성공적인 쓰기 과업의 수행을 위해 필요한 지식의 범위를 나타내면 다음과 같다.

그림 1.1 쓰기 과업과 지식

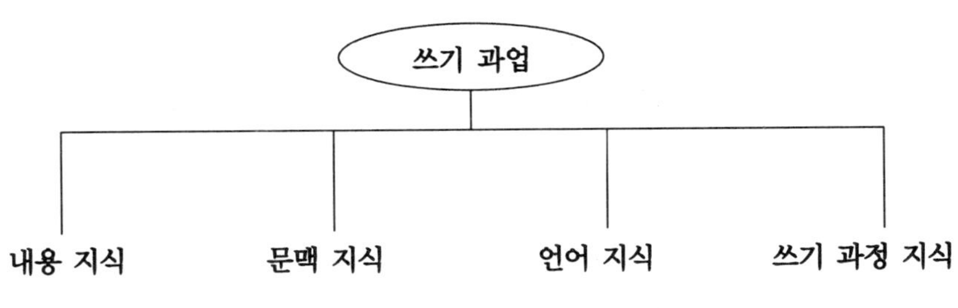

내용 지식	주제와 관련된 개념적 지식
문맥적 지식	주어진 쓰기 과업과 관련된 맥락적 지식
언어 지식	과업의 완수에 필요한 언어 지식
쓰기 과정 지식	특정 쓰기 과업에 적절한 전략적, 절차적 지식

예를 들어, 다음과 같은 쓰기 과업에 대하여 생각해 보자.

❶ '사형제도' 대한 작문 시험
❷ 새롭게 도입된 자동화 전략에 대한 보고서
❸ 전공 논문작성

과업 1은 일반적으로 영어 교실과 가장 밀접하게 관련된 과제로 글쓴이에게 필요한 것은 자신의 생각이나 의견을 설득력 있게 잘 표현하는 것이다. 이를 위하여 글쓴이는 언어 지식과 쓰기 과정 지식이 가장 필요한 반면 그 분야에 대한 전문적인 내용 지식이 반드시 요구되지는 않는다. 과업 2의 경우 가장 중요한 지식은 주제 자체-내용 지식이다. '자동화전략'에 대하여 아는 바가 없다면, 즉, 내용 지식이 없다면 글쓴이는 효과적으로 보고서를 준비하지 못할 것이다. 또한 설득력 있는 보고서를 성공적으로 준비하려면 회사 내부 조직과 상하 관계 즉, 상황 문맥적 지식을 갖추어야 한다. 또한, 글쓴이는 그 분야의 전문 어휘뿐만 아니라 보고서라는 특정 글의 형식에 필요한 문법 능력과 담화 능력을 포함하는 언어 지식을 가져야 한다. 상대적으로 이 과제에서 가장 작은 부분을 차지하는 것은 쓰기 과정 지식이다. 쓰기 과정 지식이 분명히 중요하지만 다른 요소들에 비하여 상대적인 중요도가 낮기 때문이다. 과업 3의 경우 가장 고도의 내용 지식, 읽기와 쓰기 과정에 대한 폭넓은 이해, 문맥에 적절한 관례와 독자/글쓴이의 관계에 대한 이해 그리고 언어 체계에 대한 지식이 필요할 것이다.

이와 같이 쓰기 과업을 만족스럽게 완성하기 위해서는 폭 넓은 지식의 범주와 경험이 필요하다. 영어 쓰기 과업을 성공적으로 완수하기 위해서는 어휘와 문법을 포함하는 언어적 지식이외에 특정 주제에 대한 내용적 지식이 있어야 한다. 또한 글이 읽히게 될 상황문맥에 대한 지식이 있어야만 독자에 대한 이해와 특정 글이 갖추어야 하는 적절한 관례에 맞추어서 글을 쓸 수 있다. 뿐만 아니라 이러한 모든 지식이 있다고 하더라도 글을 쓰는 과정에 대한 인식이 없다면 글쓴이는 쓰기 전략을 효과적으로 사용하지 못할 것이고 결과적으로 성공적인 쓰기 과업의 완수는 어렵게 될 것이다.

1.2 영어 쓰기와 언어 지식

언어를 상황에 맞게 적절하게 사용하는 능력인 의사소통 능력과 영어 문법 지식이 일치하지 않는 것과 같이 쓰기와 관련된 연구에서도 영어 학습자의 문법 지식이 학습자의 영어 쓰기 능력을 나타내지는 않는다는 것을 보여준다(Coombs, 1986; Schultz, 1991). Coombs(1986)는 학습자의 문법 지식과 언어 구조를 사용하여 성공적으로 문자 의사소통을 하는 능력은 서로 독립적이라는 것을 보여준다.

다른 한편, 연구에 따르면 영어 텍스트를 많이 읽는 것은 쓰기 능력을 촉진할 수 있으며 독서를 많이 한 학습자일수록 쓰기와 관련된 언어적 특질에 대한 지식이 많다는 것을 보여준다(Scott, 1996). 즉, 영어 텍스트를 많이 읽는 것은 영어 담화의 특성과 언어와 문화의 연결 관계에 대한 이해를 얻도록 도와준다는 것이다. 예를 들어, Kern & Shultz(1992)는 영어 읽기자료를 통합한 쓰기 지도의 긍정적 효과를 보고한다. 학생들에게 모델 작문을 읽고 그 글을 분석하고 그것을 토대로 어떻게 작문을 해야 하는가에 대하여 지도를 하였을 때 학생들 작문의 전반적인 질(quality)과 구문 복잡성(syntactic complexity)에 의미있는 향상이 나타났다고 보고하고 있다.

또한 어휘 지식과 작문의 질과는 높은 상관관계를 보인다(Koda, 1993).

학습자의 어휘 지식이 효과적인 작문을 산출하는 학습자의 능력에 기여한다는 것이다. 또한 Shultz(1994)는 구문적 복잡성이 작문의 질을 반영한다는 것을 제시한다. 구문의 복잡성은 명확한 의사소통을 위한 도구일 뿐만 아니라 사고 그 자체를 생성하는 도구로 복잡한 문장을 산출할 수 있는 학생일수록 수준 높은 작문을 산출하였다는 것을 보고하고 있다.

1.3 영어 쓰기 교육의 역사적 배경

1960년대 전반까지 미국의 고등학교나 대학의 영어(L1) 작문 수업은 문학적인 텍스트를 중심으로 진행되었다(Kroll, 2001). 일반적으로 표준화된 작문 지도 모형은 다음과 같다: (1) 수사학(rhetoric)과 문단조직의 원칙 하에 가르친다. (2) 일반적으로 문학 작품을 제시하고 이에 대하여 교실 토론, 분석, 해석을 한다. (3) 제시된 내용에 근거하여 요약을 포함한 작문 과제를 부여한다. (4) 교사는 학생의 글을 읽고 첨삭과 논평을 한다. 이 모형은 기본적으로 학생 작문에 대한 평가에 초점을 맞추는 경향이 있으며 쓰기 학습의 속성이나 작문을 만들어 나가는 전략과 과정보다는 완성된 작문에 관심을 갖는 결과 중심 접근법(product approach)이다.

1960년대 중반에 들어서면서 쓰기에 대한 견해와 교수법에 변화의 바람이 불기 시작하였다. L1 영어 쓰기를 중심으로 교사와 연구가들은 쓰기가 실제로 어떻게 이루어지는가에 대한 심도 있는 연구를 시작하였다. 예를 들어, Janet Emig(1971)는 쓰기 과정에 대한 정보를 수집하기 위해 '소리내어 생각하기(think aloud)' 기법을 처음 만든 연구자이다. 그녀는 학습자의 글쓰기 과정은 전통적으로 제시된 모형과 반드시 부합하지는 않으며 학습자는 선형적 순서(linear order)에 따라서 글쓰기를 하지 않는다는 것을 관찰하였다. 이러한 학습자의 글쓰기 과정에 근거한 연구는

L1 영어 작문 지도에 영향을 미쳤으며 나아가 L2 영어 학습자의 쓰기 교육에도 파급되었다.

다른 한편, 1960년대 미국 내 ESL 작문 지도는 구두접근법(oral approach)에 기초한 통제 작문 모형(controlled composition model)이 주도하였다. L1 영어 쓰기 지도에서는 실제 텍스트(authentic text)가 제시되고 이에 대한 학생의 쓰기 결과물인 작문의 평가에 초점을 둔 반면에, L2 영어 학습자의 경우 쓰기 지도는 언어 규칙의 연습과 강화를 위하여 이루어졌다. 당시의 구조주의와 행동주의 이론에 기초하여 쓰기 과업은 오류의 가능성을 최대한 줄이기 위하여 완전히 통제된 형식으로 진행되었다. 이로 인하여 통제 작문(controlled composition)이라는 용어가 생겨나게 된 것이다. 1970년대에도 쓰기 교육은 형태에 초점이 계속 주어졌다. 문장 결합과 같은 연습은 주어진 문장 조작에 초점이 맞추어져서 이루어졌으며 가능한 통사적 선택을 탐색할 수 있는 기회만을 제공하는 것에 국한되었다. 텍스트가 제공되어서 텍스트의 동사의 시제를 변형시키도록 하는 연습과 같이 학생들로 하여금 텍스트 안에서 언어적 형태를 조작할 수 있도록 하였지만 문장이 의미하는 것이나 문장들이 텍스트 안에서 어떻게 연결되어 있는 가에는 관심이 주어지지 않았다. 즉 언어의 정확한 형태에 초점을 맞추어 학습자의 쓰기 결과물을 가지고 쓰기 능력을 측정하였기에 학습자의 표현력을 향상시키는 데에는 한계가 있었다(손미용 & 이재근, 2005).

1980년대 이후 L2 영어 쓰기 과정 연구와 교육에 L1 쓰기의 과정 접근법이 상당부분 채택되었다. 1981년 Flower & Hayes는 L1 쓰기 과정에 대한 포괄적인 모형을 제시하였고 그들이 제시한 계획하기(planning)-옮기기(translating)-검토하기(reviewing) 모형은 L2 영어 쓰기 과정 연구와 교육의 토대가 되었다. 오늘날 L1과 L2 영어 쓰기 지도의 많은 교실에서 과정 접근법(process approach)을 채택하고 있다. 과정 접근법이라는 용어가 포착하는 것은 학습자는 '선형적 접근'이 아닌 '순환적 접근(cyclic approach)'으로 쓰기 과업을 수행한다는 사실이다. 쓰기의 결과물만이 아닌 글쓰기의 과정에 대한 인식과 함께 글쓴이의 쓰기 과정에 초점을 둔 지도를 강조한다. 즉 학습자에 초점을 두며 의미를 만들어내고 발견하는 과정으로써의 쓰기를 강조한다. 영어 학습자가 주제를 선택하고 자신의 작문을 계획하고 초고를 쓰고 피이드백을 받아서 수정과 편집을 하여 자신의 글을 완성해 나아가는 과정과 절차를 중심으로 쓰기 지도가 이루어진다.

1980년대 중반 영어 쓰기 교육은 과정 접근법과 함께 주제에 대한 지식을 강조하는 내용 중심 지도와 독자와 텍스트의 목적을 강조하는 장르 중심 지도법이 또한 두드러지게 대두되면서 쓰기 교육의 다양한 접근법이 공존하고 있다. 그러므로 효과적인 L2 영어 쓰기 교육을 위해서 이 분야에 대한 다양한 이론과 교수법에 대한 학문적 훈련이 절대적으로 필요하며 이를 통하여 교육환경과 목적에 가장 적절한 교수법과 자료를 선택할 수 있어야 할 것이며 학습자의 영어 쓰기 기술을 촉진시킬 수 있는 다양한 방법적 모색을 해야 할 것이다.

1.4 우리나라 영어 쓰기 교육 성취기준과 연구의 현황

2001년부터 시행되고 있는 제7차 영어과 교육과정에서 쓰기 지도는 기본적인 의사소통 능력의 함양을 교육의 목표로 학습자 중심의 실용적 교육을 지향하고 있다. 제7차 교육과정은 수준별 교육과정으로 초등학교 1학년부터 고등학교 1학년까지 국민공통 기본 교육과정으로 10단계로 이루어져 있다. 여기서 영어과 쓰기의 경우 초등 5학년인 5단계에 도입되어 6학년인 6단계까지 각 단계별로 심화와 보충형 수준별 교수-학습이 이루어지도록 되어 있으며 중학교 1학년에서 고등학교 1학년까지는 학기별로 나누어서 모두 8단계의 교수-학습이 이루어지도록 되어있다.

제7차 교육과정에서 제시하는 초등학교 5,6학년의 쓰기 성취기준은 다음과 같다.

표 1.1 제7차 영어과 교육과정 학년별 쓰기 성취기준(초등학교)

학년	성취기준	과정
5	1 알파벳 인쇄체 대/소문자를 구분하여 쓴다. 2 구두로 익힌 낱말을 베껴 쓰거나 외워 쓴다. 3 실물이나 그림을 보고 그에 대응하는 낱말을 쓴다.	기본
	4 들은 낱말을 받아쓴다. 5 컴퓨터 자판에 구두로 익힌 낱말을 친다.	심화
6	1 쉽고 간단한 낱말을 쓴다. 2 구두로 익힌 어구나 문장을 쓴다. 3 인쇄체 대/소문자와 구두점(마침표, 물음표 등)을 바르게 쓴다.	기본
	4 예시문을 참고하여 실물이나 그림을 한 문장으로 묘사한다. 5 쉽고 간단한 생일카드, 감사카드 등을 쓴다.	심화

제7차 교육과정에서 제시되어 있는 중학교 1학년에서 고등학교 1학년까지의 단계별 쓰기 성취기준은 다음과 같다.

표 1.2 제7차 영어과 교육과정의 단계별 쓰기 성취기준

단계	성취기준	과정
7-a	1 학습한 문장을 듣고 받아쓴다. 2 자신에 관한 사실적인 질문에 답을 쓴다. 3 문장을 읽으며 적절한 구두점(쉼표, 따옴표, 느낌표 등)을 표시한다. 4 알파벳 필기체 대/소문자를 쓴다.	기본

	5 일상생활에 관련된 쉬운 내용의 그림이나 도표를 보고 문장으로 풀어쓴다. 6 가족에 관한 사실적인 질문에 대한 답을 쓴다.	심화
7-b	1 일상생활에 관해 짧고 쉬운 글을 쓴다. 2 일상생활에 관한 사실적인 질문에 대한 답을 쓴다. 3. 간단한 글을 읽고 한 두 문장으로 주요내용을 쓴다. 4 완성되지 않은 간단한 문장을 읽고 결미를 완성하여 쓴다.	기본
	5 오류가 있는 짧은 문장을 읽고 철자, 구두점, 어법에 맞게 고쳐쓴다. 6 예시문을 참고하여 실물이나 그림을 보고 간단하게 묘사한다.	심화
8-a	1 쉬운 문장으로 일기를 쓴다. 2 자신이나 가족을 소개하는 간단한 글을 쓴다. 3 주어진 몇 개의 어휘들을 사용하여 문장을 완성한다. 4 간단한 이야기의 주인공, 시제 등을 바꾸어서 다시 쓴다.	기본
	5 간단한 대화문을 읽고 주어진 답이 나올 수 있도록 질문을 만들어 쓴다. 6 학습한 내용을 묘사한 그림을 보면서 줄거리를 짧게 쓴다.	심화
8-b	1 일상생활에 관하여 간단한 글을 쓴다. 2 가정생활, 학교생활, 취미생활 등을 소개하는 간단한 편지를 쓴다. 3 실물, 사진, 그림을 보고 자기의 생각을 간단히 쓴다.	기본
	4 오류가 있는 짧은 글을 읽고 철자, 구두점, 어법에 맞게 고쳐쓴다. 5 순서가 뒤섞인 문장들을 읽고 순서를 정한 다음 그 내용을 요약하여 쓴다.	심화
9-a	1 일상생활에 느끼고 생각한 바를 일기로 쓴다. 2 일반적인 주제에 관하여 쉽고 간단한 글을 쓴다. 3 들은 내용의 요지를 간단히 쓴다. 4 구두점(콜론, 세미콜론, 하이픈 등)을 바르게 사용한다.	기본
	5 짧은 글을 읽고 결말을 완성하여 쓴다. 6 일반적인 주제에 관한 간단한 글을 듣고 받아쓴다.	심화

9-b	1 학습한 글을 듣고 의미를 살려서 자신의 말로 고쳐쓴다. 2 일반적인 주제에 관하여 쉬운 글을 쓴다. 3 쉬운 글을 읽고 대의를 짧게 쓴다.	기본
	4 정보를 더하여 문장을 확대해 나간다. 5 일반적인 주제에 관한 찬/반 의견을 듣고 그 내용을 쓴다.	심화
10-a	1 들은 내용을 의미를 살려서 쓴다. 2 일반적인 주제에 관하여 자기의 생각을 쓴다. 3 일반적인 주제의 글을 읽고 대의를 쓴다. 4 예시문을 참고하여 문장 또는 단락을 적절하게 바꾸어 쓴다.	기본
	5 일상생활에 관련된 서식에 필요한 정보를 써 넣는다. 6 학습한 내용을 발전시켜 상상하여 짧은 글을 쓴다.	심화
10-b	1 일반적인 주제에 관해 자신의 생각을 논리적으로 전개하면서 쓴다. 2 간단한 질문, 메모, 전화메시지 들을 기록한다. 3 자신의 과거경험과 미래의 계획을 글로 쓴다. 4 이력서를 간단히 쓴다.	기본
	5 여행 후, 간단한 기행문을 쓴다. 6 일반적인 주제에 관한 글을 읽고 자기의 주장을 조리있게 쓴다.	심화

우리나라 교육과정에서 제시하는 성취기준에 따라서 영어 교과서의 집필이 이루어지기 때문에 초, 중등교과서의 경우 교과서에 따라서 쓰기 활동의 유형과 빈도 면에 있어서 차이가 있기는 하지만 대부분 위의 성취기준에 알맞은 쓰기 활동이 제시되어 있다(손미용 & 이재근, 2005). 그러나 영어 교실에서 쓰기 교육은 실제로 많이 이루어지지 않는 것이 현실이다. 대학입시나 고교입시와 같은 시험에서 쓰기가 차지하는 비중이 적고 또한 영어 쓰기 교육에 대한 체계적인 훈련이나 충분한 이해를 갖춘 교사가 많지 않은 것도 한 이유라고 생각되어진다. 이러한 현실적인 이유로 하여 읽기와 듣기에 대한 교육에 비교해서 말하기와 쓰기 교육은 상대적으로 영어 교실에서 소홀히 다루어지고 있는 실정이다. 대학에서의 영어 쓰기 교육을 보면, 대부분의 대학에서 교양필수나 선택으로

영작문(실용, 기초)을 개설을 하고 있으며 영어 전공학과의 경우에는 수준별 영작문 과목이 개설되어 운영되는 것이 일반적이다. 수업의 운영에 있어서는 보다 형태에 집중하는 지도에서부터 쓰기 과정 중심의 지도에 이르기까지 다양한 지도법이 실시되고 있지만 그럼에도 불구하고 많은 경우 결과 중심적인 쓰기 교육이 일반적으로 이루어지고 있다.

다른 한편, 최근 영어 쓰기의 중요성이 인식되면서 한국 학생들의 영어 쓰기와 관련된 연구가 이전보다 활발하게 이루어지고 있다. 아직도 다른 언어 기능과 비교해 볼 때 보다 많은 관심과 연구가 필요한 분야이지만 최근 관련 논문이 양적으로나 질적으로 향상되고 있는 추세이다. 최근 발표된 논문들의 주제를 대략적으로 살펴보면 다음과 같다: 중등 영어 교과서의 쓰기 활동 분석과 영어 의사소통 능력 배양에 대한 연구(정재욱, 2002; 이영란, 2003; 손미용 & 이재근, 2005; Kim Eunhee, 2005), Grammar dictation을 이용한 영어 쓰기 지도방안 연구(안수웅 & 정인숙 2004), 받아쓰기를 이용한 쓰기 지도(이종화, 2002), 대화저널(dialogue journal)을 이용한 영어 쓰기 지도 연구(문영인 & 이정옥, 2005; Min Chan-Kyu & Kim Jin, 2005), 초등 영어 쓰기 지도 방안 연구(강영은, 2001; 김재혁, 1998; 김영태 & 조순영, 2000; 김영철, 2002; 최재영, 2000), 과정 중심 접근방식 지도법에 대한 소개와 효과에 대한 연구(김현진, 2000; 이정원 & 홍영주, 2001; 송명석, 2002, 2004; Park Hyesook, 2002), 피이드백의 유형이 작문 능력 향상에 미치는 효과에 대한 연구(송미정, 1998), 학습 전략의 사용과 영어 쓰기 능력의 발달(Park Hyesook, 2003), 한국 학생의 영어 쓰기 과제에서 모국어 사용(Choi Yeon Hee & Lee Jieun, 2006; Huh Myung-Hye, 2001), 포트폴리오를 활용한 쓰기 평가(김영민, 1997; 정행, 1999), 네트워크 컴퓨터를 이용한 지도법에 대한 연구(김대진, 2001; 권연진 & 김용석, 2000; 이용훈, 1998; 정양수, 2002; 조동완, 2001; Han Jong-Lim, 2005) 등 다양한 측면에서 연구가 이루어지고 있다.

2. 쓰기의 역할

이 장에서는 말하기와 쓰기의 차이, 읽기와 쓰기의 차이, 그리고 사회활동에서 쓰기의 역할을 살펴봄으로써 '쓰기'라는 언어 기능의 특별한 힘에 대하여 살펴본다.

2.1 쓰기와 말하기

모국어를 배울 때 어린이는 시행착오를 거치면서 모국어 발화의 다양한 기능과 역할을 익혀나간다. 이러한 과정 속에서 어린이는 자신의 모국어집단에서 금기시하는 언어 표현과 그 표현을 하게 되면 받게 될 제재에 대하여 알게 되며 또한 이와 함께, 어린이는 언어를 잘 사용함으로써 얻게 될 보상에 대하여도 발견하게 된다. 그러나 일반적으로 문어(written language)의 경우, 구어(spoken language)와는 다른 경로를 통하여 접하게 된다. 태어나면서 자연스럽게 주변 환경을 통하여 접하게 되는 구어와는 달리 문어의 경우 형식적 교육을 통하여 접하게 되는 것이 일반적이며 우리가 사회에서 담당하는 여러 가지 역할을 통하여 문자언어의 기능에 대한 이해를 얻게 된다. 사회적 기능관점에서 볼 때, 말하기 언어 기능은 일차적으로 대인관계(interpersonal relation)를 형성하는 반면에, 쓰기 언어 기능은 정보를 기록하고 과업을 완수하고 사상과 논의를 발전시키는데 보다 기여한다.

구체적인 예를 통하여 문어(written language)와 구어(spoken language) 간의 차이점을 살펴보자. 아래에는 은행업무와 관련하여 직원에게 요청을 하는 편지이다. 편지에 사용된 언어와 직접 은행에 들러 은행직원과 상담을 하는 경우 사용하는 언어와 어떠한 차이가 있는가를 보자.

그림 2.1 요청 편지글

600 Lily Rd.
East Lansing MI
12th November 2003

The manager
Customer Service Department
Federal Credit Union
600 E. Crescent Rd., East Lansing

Dear Sir or Madam

a/c 9671 06369500

I would be grateful if you could credit the enclosed check for $120 (S. Miles 281428 781914 08020068) to my Check Account.

I would also be grateful if you could remove the $ 84.23 charge of my VISA bill made March 12th at Sports Forever for a sleeping bag. I returned that sleeping bag on March 14th for a full refund.

Thank you for your assistance in this matter.

Yours faithfully,

Gladys Gump

Gladys Gump

은행이나 상점의 “고객서비스코너”에서 일어날 수 있는 언어 교환의 경우, 그 언어가 위와 같은 형식적인 편지에서 사용되는 것과는 아주 다르다. 다음은 고객서비스코너에서 사용되는 일반적인 구어 영어의 한 예이다:

Customer: Can I get cash on a bank card?
Manager: Do you ...have you got an account here?
Customer: Not at this branch... is that a problem?
Manager: But you bank with Federal Credit Union?
Customer: Yes, but it's not ... it's not Lansing.
Manager: Can I see?
Customer: Of course.
Manager: That's no problem.
Customer: Great. Can I have forty?
Manager: How do you want it?
Customer: Tens please.

비록 문자 텍스트와 구어 텍스트나 어떤 목적을 가진 사람이 언어를 사용하여 그 목적을 달성한다는 공통점이 있기는 하지만, 문자 텍스트와 구어 텍스트는 화자와 글쓴이가 참여하는 사회적 활동이 다르고, 그 결과 그들이 사용하는 언어의 유형도 상이하다. 위의 문자 텍스트에서는 거리감을 둔 형식적인 문체를 사용하고 있다. 글쓴이는 자신의 요청을 처리하는 사람을 결코 만나지 않았고 그리고 아마도 만나지 않을 것이다. 즉, 일방향적인(one-way) 의사소통으로 글쓴이는 꽤 중립적인 형식을 고수한다. 만약 모든 일이 잘 된다면, 은행으로부터의 답신이 필요 없이 요구한 거래가 간단히 처리될 것이다. 반면에 은행 안에서의 의사소통은 양방향적(two-way)이다. 고객과 점원이 필연적으로 어느 정도의 개인적인 상호작용을 하게 되며 그들의 관계를 유지하기 위하여 문자 언어와는 다른 언어 행동이 요구된다.

2.2 쓰기와 읽기

일반적으로 사람들은 말하는 것에 대하여는 거리낌이 없으나, 쓰기에 대하여는 대부분이 자신없어 한다. 그 이유에 대한 가능한 한 가지 대답은 말하기 · 듣기 기능은 단순한 노출을 통해서 습득되어지는 반면에, 쓰기는 어떤 형식적 교육을 필요로 하기 때문이라고 말할 수 있다. 이러한 점에서 쓰기는 또 다른 문자 언어 기능인 읽기와 비슷하다.

일상생활에서 우리가 얼마나 읽기 · 쓰기와 관련된 일을 하는가 생각해 보자. 서울이나 뉴욕과 같은 대도시에서 통근을 한다면 우리는 많은 읽기 행위를 해야 할 것이다. 예를 들어, 거리에 걸려있는 수많은 표지판이나 광고물을 선택적으로 읽을 것이며, 신문이나 잡지를 훑어 읽어 내려 갈 것이며, 버스나 지하철 시간표를 확인할 것이다. 이렇듯 현대 사회에서 읽기는 사회적 요구에 효과적으로 대응하기 위하여 필요한 기술이다. 반면에 이 시간에 우리는 얼마나 쓰기를 하는가? 아마도 쓰기를 하면서 보내는 시간은 상대적으로 아주 적을 것이다. 그러나 쓰기는 주어지는 정보를 받아들이는 수용적 역할을 하는 읽기와는 달리 사회에 보다 생산적 · 순향적(proactive) 역할을 주도한다. 즉, 우리는 쓰기를 통하여 새로운 사고와 정보를 만들고 전파할 수 있으며 사회의 여론 형성에 보다 직접적으로 기여할 수 있기 때문이다.

글을 읽고 쓰는 다양한 수준—예를 들어, 단지 독자의 수준인 경우와 독자이면서 글쓴이인 경우—은 특정사회에서 그 사람이 담당하는 역할과 관련된다. 따라서 쓰기를 배우는 것은 단지 기계적인 철자법 사용을 익히는 것을 넘어서 새로운 인지적·사회적 관계를 배우는 것이다. 이러한 견해를 Kress는 다음과 같이 표현한다:

> Command of writing gives access to certain cognitive, conceptual, social and political arenas. The person who commands both the forms of writing and of speech is therefore constructed in a fundamentally different way from the person who commands the forms of speech alone.
>
> (Kress, 1989, p.46)

이러한 견해로 볼 때 쓰기를 배우는 기회를 갖지 못하는 것은 현대 정보화 사회에서 우리가 수행할 수 있는 잠재적인 다양한 사회적 역할로부터 배제되는 것을 의미한다. 비슷하게 영어 학습자가 영어로 효과적으로 글을 쓰는 능력이 없다면 그 학습자는 여러 유형의 사회·문화적 접촉과 기회에 접근하지 못할 것이다.

2.3 쓰기의 힘

쓰기가 기본적으로 전문화된 사회의 성인 활동과 관련된다면, 정확하게 글쓰기의 역할은 무엇인지 생각해 보자. 아래의 활동 중에서 글쓰기 활동을 하지 않고 즐겁게 행할 수 있는 활동은 어떤 것인가?

결혼식에 초대하기
학교에 결석한 자녀의 사정을 설명하는 편지쓰기
스포츠 클럽의 규칙을 작성하기
위원회의 결정사항을 알리기
승진 축하장 보내기
판결문 작성하기

위의 모든 활동은 글쓰기와 관련되며 그 중 몇몇은 그 활동의 결과가 성공적이려면 글쓰기를 꼭 필요로 할 것이다. 예를 들어, 판결을 하는 경우, 일반적으로 구두로 제시된 판결은 하급법원이나 상급법원을 위하여 글로 잘 기록되어져야 한다. 또한 가까운 세 명의 친구들에게 저녁식사를 초대하는데 초대장을 보내는 일은 드물지만, 결혼식의 경우 초대장을 보낼 것이고 초대할 사람의 목록을 만들 것이다. 법적 또는 재정적 함의가 있는 공공 행사의 경우 전형적으로 문서에 의존하며 상위 조직체계에서 다루어질 활동의 경우 글이 사용된다면 보다 성공적으로 협상이 이루어 질 수 있다. 문자 언어는 기억과 분류간의 관계를 변화시키기 때문에 인간이 다룰 수 있는 정보의 구성 복합체에 커다란 차이를 가져온다. 그 결과 여러 형태로 정보의 추론, 목록화, 색인화, 기록, 그리고 전송을 가능하게 한다.

이것은 글쓰기의 숙달을 통하여 인간은 단지 일상생활에서 뿐만 아니라 사고와 논리적 표현에서 충분히 효과적으로 지적인 구성(intellectual organization)을 하게 된다는 것을 함축한다. 어떤 것이 쓰여졌다는 단순한 사실은 영속적이고 권위있는 고유의 메시지를 전달한다는 의미이다. 모든 사람이 아닌 *어떤* 사람이 글을 쓰고 모든 것이 아니라 *어떤* 내용이 쓰여지는 것이다(Stubbs, 1987, p.21). 그러한 이유에서 글쓰기는 사회적 지위, 권력과 관련되는 것이다. 글쓰기로 정보만이 아니라 사람들에 대한 통제력을 가질 수 있기 때문이다.

글쓰기 능력을 가진 사람은 그 능력이 없는 사람은 접근할 수 없는 사회적 역할을 할 수 있다는 것을 알 수 있다. 영어를 제2언어로 배우는 영어 학습자들에 대하여 생각해 보자. 우선 영어 학습자들은 자신이 배우는 외국어인 영어로 참여할 수 있는 사회적 역할의 목록을 작성할 수 있을 것이다. 예를 들어, 영어 말하기/듣기 능숙도가 학습자가 원하는 전부일 수도 있다. 하지만, 영어 학습자가 효과적인 글을 쓰는 것을 그들의 학습 범위로 확대한다면 그들은 보다 넓은 범위의 사회적 역할을 영어로 수행할 수 있을 것이다. 글을 쓰는 것을 배우는 것은 단지 새로운 기능을 배우는 것이 아니라 사회적 역할, 권력, 그리고 적절한 언어 사용이 필연적인 사회활동에 참여하는 것을 배우는 것이다.

3. 쓰기의 특징

이 장에서는 먼저 구어와 문어의 차이를 볼 것이고 다음으로 문자 텍스트의 언어적 특질을 어휘와 구문, 그리고 문체의 선택 관점에서 살펴볼 것이다.

3.1 구어와 문어의 차이

우리는 물리적인 행위 측면에서 말하기와 쓰기의 분명한 차이를 일차적으로 알 수 있다. 또한 사회적 상황에 따라 말하기와 쓰기 중에 보다 적절한 언어 형식이 있다는 것도 쉽게 감지할 수 있다. 하지만 이러한 차이 이외에도 우리가 말할 때 사용하는 언어와 글을 쓸 때 사용하는 언어에는 근본적인 차이가 있다. 다음의 세 텍스트를 보자.

텍스트 A

communication strategies The strategies used by both native speakers and L2 learners to overcome communication problems resulting from lack of linguistic resources or inability to access them.

텍스트 B

My music tastes this winter have focused around Korean guk-ak and Western cello music while I stay home and prepare my lessons. I'll download a few modern Italian opera songs and see how much I enjoy them too, from your recommendation.

텍스트 C

OK - in this picture in picture - er- number 1 I can see er a little girl - who probably - is inside - her house -er - who is playing - with a bear...

문어와 구어의 연속체를 가정할 때, 텍스트 A를 문어 연속체의 끝에, 텍스트 B는 중앙 가까이에, 그리고 텍스트 C를 구어 연속체의 끝의 위치에 놓을 수 있다. 텍스트 B는 문어의 전형적 특징과 구어로 여겨지는 특징을 동시에 보인다. 연속체상 위에 각 텍스트를 다음과 같이 놓을 수 있을 것이다.

문어 ____ 구어

A B C

문어와 구어에 대한 최근 견해는 두 텍스트 간에는 변별적인 특질이 있으며 가장 전형적인 구어 텍스트부터 가장 전형적인 문어적인 텍스트까지 연속체를 형성한다는 것을 제안한다. 문어와 구어의 언어적 차이를 이해함으로써 영어 학습자는 보다 자신 있게 글을 쓸 수 있을 것이다. 영어 학습자들은 말하기와 쓰기를 할 때 그들이 위치한 여러 상이한 사회적 역할에 대한 지식을 갖는 것만으로는 충분하지 않다. 학습자들은 언어의 유형에 따라서 언어의 구성이 어떻게 달라지는가에 대한 이해가 필요하며 또한 문자 텍스트는 구어 텍스트와 본질적으로 다르다는 것을 이해하는 것이 필요하다.

다음의 전사본(transcript)은 구어의 어떤 면들이 전사 과정에서 상실되

는가를 보여준다.

Child: My teacher holded the baby rabbits and we patted them.
Adult: Did you say your teacher held the baby rabbits?
Child: Yes.
Adult: What did you say she did?
Child: She holded the baby rabbits and we patted them.
Adult: Did you say she held them tightly?
Child: No, she holded them loosely.
(Cazden, 1972, p.92)

원래대화에서 화자들에게 이용 가능하였을 상황문맥적 정보—예를 들어, 화자들의 배경이나 과거에 대한 지식—의 손실을 제외하고 일반적으로 구어가 전사되었을 때 잃게 되는 중요한 측면은 운율적인 것과 부차언어적인(paralinguistic) 특질이다. 운율적 특질은 말에 의미를 갖게 도와주기 위하여 체계적으로 사용되는 리듬, 구로 끊어서 말하기(phrasing), 그리고 휴지(pause)와 같은 구어의 비언어적 면들이다. 부차언어적인 특질(paralinguistics features)은 체계적이지는 않지만 우리의 말에 의미를 추가적으로 부여한다. 말할 때 화자가 큰소리로 한다든지 소리를 친다거나 속삭이는 것을 포함하며 얼굴표정과 그 밖의 신체적 몸짓을 포함하는 것이다. 비록 필체가 작가를 확인하는 하나의 방법이기는 하지만 말의 전사는 화자를 확인할 수 있게 하는 여러 부차언어적인 특질을 잃는다.

문자체계가 구어의 부차언어적(paralinguistic) 특질을 직접적으로 모방하거나 나타내줄 수는 없지만 글쓴이는 구두점, 진한 글씨체, 밑줄 긋기, 기울임체 등의 사용을 통하여 그러한 부차언어적인 면의 결여를 보충해 줄 수 있다.

3.2 어휘 밀도

문자 언어를 다소 부정적으로 평가하여 구어에 특정 언어 특질이 결여된 것으로 보는 견해도 있다. 그러나 문자 언어와 구어의 차이를 어휘의 사용에서 볼 수 있다. 다음의 두 텍스트의 문법과 어휘 사용의 차이를 보도록 하자.

텍스트 A

Learner: so suddenly you have to plan your - all your whole day you know

Native Speaker: mm

L: and it's all sets up you know your are not very free in a way

NS: have you got into the habit now or is it still hard?

L: well I've got into it now but er then there's problems with the tax people and (blows) you know there's too much things - it's all set down in very little (unfinished)

NS: forms to fill in

(Faerch & Kasper, 1983, p.151)

텍스트 B

East Asia, as one of the world centers of high civilization has long been the object of cultural interests and study. Increasingly, it has become important for economic and political reasons as well. The Center for East Asian Studies provides a focal point for the University's interaction with East Asia and for academic study of the region.

(Extracted from the pamphlet of East Asian Studies, WWU, spring 2002)

이 두 텍스트의 차이는 다음과 같이 정리할 수 있을 것이다.

	구어	문어
문법	불완전한 발화	완전한 문장
	부정확한 문법	완벽한 서술
	머뭇거림	
	축약된 단어형태	완전한 단어형태
어휘	비형식적	형식적 (라틴어적인/다음절)
	구동사	
	평범한 단어	드문 단어

형식적 문어 텍스트의 기본 문법적 구조는 아주 간단명료하다. 즉, 문어의 복잡성은 내용어의 수에 있다. 다시 말하면, 글쓴이가 사용하는 어휘의 밀도이다. 대조적으로, 구어 영어는 대화와 혼자말에서 정교하고 복잡한 문법을 사용한다(Halliday, 1989).

위의 두 텍스트를 보면 '어휘 밀도'가 의미하는 것이 무엇인지를 보다 명확하게 이해할 수 있을 것이다. 이것은 구어-문어 연속체위에 텍스트의 위치를 확인하는 효과적인 방법이다.

이번에는 문법 항목(예: 관사, 전치사)의 수와 어휘 항목의 수를 세어보자. 텍스트 A는 총 70단어('mm'과 같은 표현을 포함하여)이다. 이들 중 18개는 어휘 항목('set up'과 'set down'은 단일 어휘 항목으로 간주하였다)이고 49개는 문법 항목('there's', 'it's', 'I've'는 두개의 문법 항목으로 간주하였다)이다. 어휘 단어의 2배 이상이 문법 단어이다. 이것은 26% 또는 0.26의 어휘 밀도로 말할 수 있다. 텍스트 B는 텍스트 A의 역이다. 총 단어는 57이고 여기서 어휘 항목은 34, 문법 항목은 24로 어휘 밀도는 58% 또는 0.58이다. 이러한 대조는 구어와 문어간의 전형적 대조이다. 일반적으로 보다 문어적인 언어를 사용하면 텍스트의 전체 단어에서 어휘 단어의 비율은 높아진다.

그러나 어휘 밀도와 같은 이러한 단순한 분석이 구어와 문어간의 차이를 모두 보여주는 것은 아니다. 텍스트의 어휘 항목이 평범한 단어인지(빈도가 높은), 또는 자주 사용되지 않는 단어인지(빈도가 낮은)를 또한 고려해야 한다.

다음의 세 서술문을 비교해 보자.

텍스트 A

Mr. Brown is currently waiting for the documented confirmation of his purchase of a share in the freehold owning company. (20 words)

텍스트 B

Mr. Brown is now waiting for the papers which will say that he has bought his bit of the company that owns the freehold. (24 words)

텍스트 C

Mr. Brown is currently waiting for the documents which will confirm that he has purchased a share in the company that owns the freehold.(24 words)

(Tribble, 2003, p.19)

텍스트 A는 총 20단어이고 어휘 단어는 12로 0.6의 어휘 밀도이다. 텍스트 B는 24단어에 어휘 단어 10으로 0.41이고 텍스트 C는 24단어에 11 어휘 단어로 0.46의 어휘 밀도이다. 위의 텍스트를 읽는 거의 모든 사람들이 텍스트 B가 가장 구어적이라고 느낄 것이고 어휘 밀도는 이를 지지해 주고 있다. 우리는 이러한 주장을 텍스트 A와 B의 어휘 항목의 차이를 살펴봄으로써 또한 지원할 수 있다.

텍스트 A

Mr/ Brown/ currently/ waiting/ documented/ confirmation/ purchase/ share/ freehold/ owning/ company

텍스트 B

Mr/ Brown/ now/ waiting/ papers/ say/ bought/ bit/ company/ owns/ freehold

텍스트 B는 어휘의 사용 빈도가 높은 단어를 사용하고 있다: 'now'('currently'); 'papers'('documents'); 'say'('confirm'); 'bought'('purchased'); 'bit'('share').

다음으로 하나의 절(clause) 안의 단어수를 조사할 수 있다. 텍스트 A는 11개의 어휘 항목으로 이루어진 하나의 절로 이루어졌으며 따라서 어휘 밀도는 11이다. 텍스트 B는 4개의 절로 이루어져 있다. 첫 번째 절은 5개의 어휘 항목(Mr/ Brown/ now/ waiting/ papers)으로 이루어져 있으며 두 번째 절은 1개의 어휘 항목(say), 세 번째는 3개의 어휘 항목(bought/ bit/ company), 네 번째는 2개의 어휘 항목(owns/ freehold)으로 이루어진다. 따라서 어휘 항목은 2.75이다. 이러한 어휘 밀도와 어휘의 빈도는 텍스트의 문어성(writtenness)과 구어성(spokenness)을 평가하는 방법의 하나이다.

텍스트 A

//Mr Brown is currently waiting for the documented confirmation of his purchase of a share in the freehold owning company//

텍스트 B

//Mr Brown is now waiting for the papers// which will say// that he has bought his bit of the company// that owns the freehold//

다양한 출처로부터(신문, 대중 정기간행물, 학술지, 잡지, 학교 교재) 짧은 글을(30-50단어) 수집하여 각 텍스트의 어휘 밀도와 어휘 빈도를 분석하여 보는 것은 텍스트의 유형에 대한 인식을 높여 줄 것이다.

3.3 문체의 선택

어휘 밀도가 높고 명사화된 스타일은 어떤 정보의 범주를 두드러지게 하여 독자와 일정 거리를 두는 비인칭적(impersonal) 관계를 구성한다. 많은 절로 이루어진 문장과 능동동사를 사용하는 대화체 글은 완전히 다른 효과를 만든다. 실제로 글쓴이는 일반적으로 전형적인 구어와 문어 형식 사이의 다양한 지점에 위치할 수 있는 텍스트를 쓴다. 따라서 텍스트가 단일한 형식으로만 쓰여질 수 있다고 가정하는 것은 잘못된 생각이다. 특정 글을 쓰기 위하여 글쓴이는 상황문맥과 미래의 독자에게 가장 적절한 스타일을 선택하여야 한다. 앞에서 보았듯이, 특정한 사회적 활동에 참여하는 사람들은 그들의 필요로 인하여 독특한 형식의 글을 전개하며 그러한 글의 존재는 특정 사회적 또는 지적 활동을 가능하게 한다. 따라서 글쓴이는 사회적 요구에 대한 일련의 반응을 하게 되고 그래서 어떤 글쓰기는 특정 범주의 정보를 두드러지게 하기 위하여 명사화된 표현을 많이 사용하기도 하고 다른 한편 이러한 지나친 명사화 스타일에 대한 반발로 때로는 보다 대화 형식을 취하는 경우도 있다.

예를 들어 다음의 글을 보도록 하자.

텍스트 A

Your guarantee

By this Consumer Guarantee, Euro Electronics gurantees this product to be free of defects in materials and workmanship at the time of its original purchase or at the time it was taken on hire purchase terms by the consumer from the retailer for the period of one year.

텍스트 B

Dear Mr Burton,
Now that all our misunderstandings have been cleared up, I feel that it is up to me to make an apology. I apologise to you and Ms Freeman from the bottom of my heart. I only hope that you can accept my sincerity.
Yours sincerely...

(Tribble, 2003, p.21)

위의 글쓴이들이 직면하는 선택은 우리 모두가 직면하는 것과 동일하다. 즉, 누가 이 글을 읽을 것인가, 어떤 효과를 얻을 수 있을까, 텍스트의 전달자와 피전달자간에 어떤 힘의 관계가 존재하는가와 같은 문제이다. 어떤 글의 경우에는 글쓴이는 최대의 거리감과 중립성을 지키려고 하는 반면에 독자와 가능한 직접적인 접촉으로 글을 쓰고자 할 수도 있다.

전형적인 구어와 문어 형식간의 차이게 대한 인식은 글쓴이에게는 필수적이다. 다양한 스타일의 글을 쓸 수 있는 능력은—대화 스타일의 개인적인 편지글이나 명사화를 많이 사용하는 학술적 글이나 법조문, 그리고 이들의 중간적인 글이든—글쓴이가 다양한 독자층에 글을 전달하게 될 때 효과적으로 글을 쓸 수 있도록 할 것이다. 구어와 문어간의 언어적 차이에 대한 이해는 영어 글쓰기 교육에 필수적이다.

4. 문자 텍스트의 구성

앞장에서 우리는 문어와 구어의 차이를 어휘와 문법의 관점에서 살펴보았다. 이 장에서는 우리는 문장수준 이상에서 이루어지는 문어의 특질에 대하여 초점을 두고 살펴볼 것이다. 먼저 레이아웃, 페이지 안에서의 물리적 구성을 살펴볼 것이다. 다음으로 텍스트가 수행하는 사회적 기능과 관련하여 텍스트의 구성방식을 살펴볼 것이다. 세 번째는 일반적인 문자 텍스트안의 절과 절의 관계를 볼 것이다. 대부분의 모국어 글쓴이는 이러한 특질에 대하여 의식을 하지 못하지만 외국어를 배우는 학습자들은 이러한 특질을 명시적으로 이해함으로써 많은 도움을 얻을 수 있기 때문이다.

4.1 레이아웃(Layout)

영어로 편지봉투에 주소를 쓰는 경우를 생각해 보자.

그림 4.1 봉투의 예

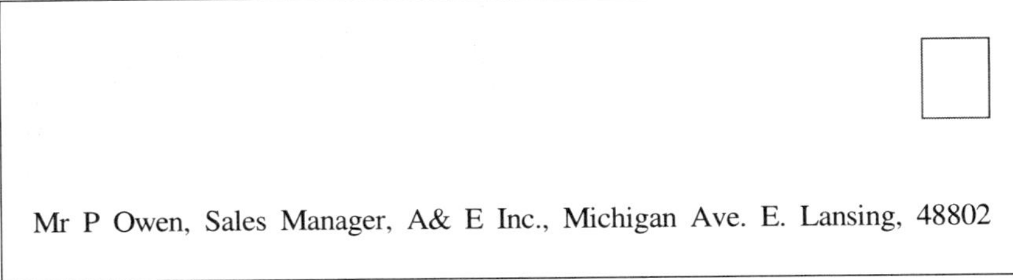

위의 편지 봉투에 사용된 모든 단어는 영어 단어로 틀린 것이 없지만 편지 봉투에 주소를 쓰는 영어 형식과 일치하지 않고 있다. 위의 텍스트를 그 목적에 맞게 적절하게 다시 구성하기 위해서 어떤 지식이 필요할까?

영어 편지 형식에 익숙한 사람은 위에서 주소가 적절하게 쓰여지지 않았다는 것을 알 수 있을 것이다. 영어권 사회의 일반적인 관례는 편지 봉투의 왼쪽의 적절한 위치에 편지를 보내는 사람의 주소를 적고 가운데에서 오른쪽으로 편지를 받는 사람의 주소를 기입한다.

또한 주소를 쓸 때는 사람이름을 먼저 쓰고 다음으로 (직장인 경우는 직위, 회사명) 번지수, 거리이름, 도시이름, 우편번호, 그리고 나라이름을 쓴다. 예를 들면 다음과 같은 형식을 취한다.

그림 4.2 영어 편지봉투 작성 예

Roberto Baroni
3904 Canal Street
New Orleans, LA 70127
USA

Mr. and Mrs. Antonio Banori
63 Via Montale
Rome,
Italy

편지봉투 쓰기이외에도 전화번호부나 우편주문 카달로그와 같은 특정하게 관례화된 유형의 텍스트가 있다. 일반적으로 학습자의 모국어 관례로 이러한 텍스트를 작성하는 경우 실패할 확률이 높다. 한국인 영어 학습자는 이러한 전형적인 경우이다. 비록 편지봉투나 전화번호부의 텍스트가 수행하는 기능은 문화마다 유사할 지라도 이들에 대한 국제적으로 표준화된 텍스트형식은 없기 때문이다.

편지봉투의 주소 레이아웃을 통하여 사회적 목적에 따라서 텍스트의 레이아웃이 어떻게 달라질 수 있는가를 알 수 있다. 그러나 이러한 관례는 어쩌면 가르치고 배우기에 그렇게 어려운 것은 아닐 것이다. 영어 학습자들에게 보다 노력과 관심을 요하는 것은 텍스트내에(within a text) 요소들이 어떤 원리로 조직되는가에 대한 것이다.

4.2 사회적 기능

텍스트의 조직 원리는 장르(genre)와 관계된다. '장르'는 종종 문학의 유형, 예를 들면, 소설, 서정시, 비극이나 서부영화, 멜로 영화, 코미디와 같이 영화의 유형을 기술하는데 사용된다. 최근에 교육학자와 언어학자들은 장르의 개념을 채택하여 특정 사회적 문맥에서의 언어 사용을 가리키는 용어로 사용하고 있다. 따라서 장르는 각각의 다양한 텍스트를 통하여 실행되는 다양한 유형의 사회적 활동을 가리킨다. 예를 들어, 영업부장이 미래의 고객에게 홍보 편지를 보내려고 하는 경우를 보자. 부장이 특정 문화권 안에서 이러한 종류의 글과 관련된 장르 제약을 이해하고 있다면 그(녀)는 '홍보 편지'의 레이아웃에 대하여 알고 있을 뿐만 아니라 적절한 어휘, 문법, 그리고 내용을 만들 수 있을 것이다. 부장, 편지, 그리고 잠재적 고객은 모두 이 장르의 참가자들이고 각자의 역할을 가진다. 만약 그 부장이 조사를 제대로 하였고 장르에 대한 이해를 충분히 하여 설득력 있는 편지글을 만들 수 있는 언어적 능력을 가진다면 희망하는 판매가 잘 이루어질 가능성이 높을 것이다.

아래의 두 텍스트는 비즈니스와 관련된 특정 장르의 전형적인 경우이다. 어떤 장르인지 그리고 어떤 언어적 단서를 통하여 그 과업을 수행하고 있는지 확인해 보도록 하자.

편지 A

QMF
213 Highlands Building
Kowloon
Hong Kong

24 June 1995

Ms Emily Wu
Apt 20 Folton Heights, Lantau
Hong Kong

Dear Ms Wu

Many thanks for coming to for interview on Friday afternoon. I was enormously impressed by your enthusiasm, professionalism and commitment to your work. I knew the decision I would have to take would be difficult - and it has been. However, I have made that decision, and I am afraid that I have not selected you for this particular training programme.

I do hope that you will keep in touch with QMF and that you can take advantage of future training opportunities.

Thank you again for coming for interview.

Yours Sincerely
EJ Choi
EJ Choi
Training Director, QMF

편지 B

The JGW Foundation
18 Victoria Gardens
Sydney NSW 2305

Australia
24 June 1995
Mr Colin McInnes
43 Dreadnought St
Bradford, UK

Dear Mr McInnes

Thank you for your enquiry about funding for a Computer Science course. Unfortunately, I regret we are not in a position to help you at the moment.

You might be interested to know, however, that the Foundation does have a programme of scholarships and exchanges in areas such a Economics, Law, Business, and Computer Studies. I am afraid that we have already completed the selection for this year, but we will be inviting applications for next year some time in the Autumn.

All best wishes
A. N. Wisden
A. N. Wisden
Funding Committee Secretary

(Tribble, 2003, p.26)

이들 편지는 모두 편지를 받는 사람에게 거절을 하고 있다. 핵심 어휘, 예를 들어, 'I am afraid'와 같은 표현과 다음과 같은 편지의 형식으로부터 이를 알 수 있다.

- 처음에는 수령인을 의욕과 관심을 가진 사람으로 인정한다.
- 거절에 대한 이유를 설명한다.
- 거절을 받은 사람과 우호적인 관계를 유지하려고 한다.

위의 텍스트들은 연수와 장학금 수여 기관의 전형적인 거절의 편지로 독특한 장르를 형성한다.

따라서 글을 쓸 때는 우리는 다음을 알아야 한다.

- 텍스트와 글의 목적이 부합하기 위하여 필요한 문법적 그리고 어휘적 선택
- 특정한 목적을 수행하기 위하여 텍스트를 적절하게 구성하는 방법
- 쓰고 있는 글의 장르에 대한 적절한 인식

4.3 절 관계(Clause relations)

우리가 고려해야 할 텍스트 구성의 세 번째는 일반적으로 언어가—여기서는 영어가—어떻게 운용되는가에 대한 것이다. 여기서는 특정 장르나 사회관계를 고려하지는 않고 보다 일반적인 관점에서 모든 문자 텍스트 내에서 언어가 어떤 식으로 연결되는가를 살펴보자.

다음의 문장을 읽고 가장 논리적인 순서로 글을 다시 써 보자. 편의를 위하여 문장에 번호를 붙여놓았다.

A comparison of two national approaches to the problem of icy roads

(1) In England, however, the tungsten-tipped spikes would tear the thin tarmac surfaces of our roads to pieces as soon as the protective layer of snow or ice melted. (2) Road maintenance crews try to reduce the danger of skidding by scattering sand upon the road surfaces. (3) We therefore have to settle for the method described above as the lesser of the two evils. (4) Their spikes grip the icy surfaces and enable the motorist to corner safely where non-spiked tyres would be disastrous. (5) Its main drawback is that if there are fresh snowfalls, the whole process has to be repeated, and if the snowfalls continue, it becomes increasingly ineffective in providing some kind of grip for tyres. (6) These tyres prevent most skidding and are effective in the extreme weather conditions as long as the roads are regularly cleared of loose snow. (7) Such a measure is generally adequate for our very brief snowfalls. (8) Whenever there is snow in England, some of the country roads may have black ice. (9) In Norway, where there may be snow and ice for seven months of the year, the law requires that all cars be fitted with special steel-spiked tyres. (10) Motorists coming suddenly upon stretches of black ice may find themselves skidding off the road.

(Winter 1976, quoted in Hoey 1983, p.4)

위의 텍스트는 다음과 같이 다시 쓸 수 있다.

A comparison of two national approaches to the problem of icy roads

Whenever there is snow in England, some of the country roads may have black ice. Motorists coming suddenly upon stretches of black ice may find themselves skidding off the road. Road maintenance crews try to reduce the danger of skidding by scattering sand upon the road surfaces. Such a measure is generally adequate for our very brief snowfalls. Its main drawback is that if there are fresh snowfalls, the whole process has to be repeated, and if the snowfalls continue, it becomes increasingly ineffective in providing some kind of grip for tyres. In Norway, where there may be snow and ice for seven months of the year, the law requires that all cars be fitted with special steel-spiked tyres. These tyres prevent most skidding and are effective in the extreme weather conditions as long as the roads are regularly cleared of loose snow. Their spikes grip the icy surfaces and enable the motorist to corner safely where non-spiked tyres would be disastrous. In England, however, the tungsten-tipped spikes would tear the thin tarmac surfaces of our roads to pieces as soon as the protective layer of snow or ice melted. We therefore have to settle for the method described above as the lesser of the two evils.

이 문제에 대한 해결책을 찾는 데는 텍스트가 내재적으로 어떻게 구조화되는가에 대한 지식이 필요하다. 여기에서는 '거절의 편지'와 같이 특정 사회적 상황문맥과 연관되기 보다는 영어 텍스트에 익숙한 독자라면 인식할 수 있는 텍스트의 전형적 유형과 관련된 지식이다. 즉, 일반적인 독자라면 인식할 수 있는 대명사, 지시어, 어휘적 반복, 어휘 표시자 (lexical markers, 예를 들면, first, next, then, the problem is.... 또는 on the other hand...), 그리고 논리적 연결사(logical markers, 예를 들어, so, therefore, as a result, however...)와 같은 상위담화 표시자의 사용에 대한 지식이 필요하다. 어휘 표시자, 대명사, 지시어, 어휘적 반복, 그리고 연결사의 사용은 텍스트의 응집력(cohesion)에 기여한다. 위의 텍스트에서 black ice, such a measure, its main drawback. their spikes, these tyres 등 밑줄 쳐진 단어들이 이에 해당된다.

글쓴이가 응집력 있는 텍스트를 어떻게 만들어내는가 'Serious consequences' 게임의 텍스트를 통하여 보도록 하자('Consequence'는 종이위에 문장을 하나씩 쓰고 접어서 다음 사람에게 넘기고 이때 그 사람은 이전 사람이 쓴 문장을 볼 수 없고 그 결과 넌센스 텍스트가 만들어지는 재미있는 게임이다). 이 게임을 응용한 'Serious consequences' 게임에서는 참가자가 바로 전 사람이 쓴 문장을 볼 수 있고 그래서 앞 문장과 전혀 무관한 문장을 쓰는 것을 피하게 되고 가능한 이전 사람이 쓴 것과 논리적으로 적절한 문장을 쓰게 된다.

다음은 'The best way to program is to think and write in a notation as abstract as possible.'을 시작문장으로 하여 게임을 한 결과의 텍스트이다.

❶ The best way to program is to think and write in a notation as abstract *as possible.*

❷ If this general rule is followed, the program that are produced are likely to be successful and to achieve the results that you hope for.
❸ Beware, however, of the temptation to run before you can walk.
❹ Such over-ambition can only lead to disaster of one form or another.
❺ On the other hand, the spirit of experimentation should never be entirely quashed.
❻ Without it we would never have achieved those few things of which we can be truly proud-the work of a da Vinci, the great city in the jungle at Angkor Wat, the first steps on the Moon or the eternal Pyramids.

(Tribble, 2003, pp.29-30)

문장들이 순차적으로 연결되어 있고 그 결과 우리는 응집력이 있는 텍스트를 볼 수 있다. 밑줄 쳐진 단어들은 텍스트의 응집력에 기여하고 있다. 그러나 일련의 순서화된 문장들의 배열이 구조화된 논지를 이끌어 내지는 않는다. 즉, 그 텍스트가 무엇을 말하려고 하는지를 보여 주지는 않는다. 이러한 점에서 위의 텍스트는 일관성(coherence)이 결여되어 있다. 물론 위의 텍스트의 경우 한 글쓴이의 통제 아래 쓰여진 것이 아니기 때문에 놀라운 일은 아니다.

우리는 어떤 글을 읽을 때 독자로서 먼저 그 글이 말하려고 하는 것이 있다는 것을 전제하고 그 텍스트의 의도를 파악하려고 한다. 다시 말하면 글을 조리있게 만들려고 한다. 만약에 텍스트가 형식적 연결장치를(위의 예에서 'this general rule', 'such over-ambition'과 같은 지시표현, however, on the other hand와 같은 담화표시어) 가진다면, 우리는 이러한 장치가 문장들을 보다 큰 구조로 조직한다고 전제할 것이다. 그러나, 위의 예에서 이들 장치는 단지 문장들을 일련의 순서로 함께 연결시키고만 있을 뿐 텍스트에 어떤 의도가 실리지 않았고 따라서 일관성이 있는 논지의 텍스트를 구성하지 못하고 있다. 위의 텍스트는 어떤 묘사(desciption)도 그리고 논의(argument)도 발전시키지 않고 있으며 따라서 글에서 파악할 수 있는 의미가 상당히 제약되어있다.

그러나 'Serious consequence'가 항상 일관성이 결여된 텍스트를 만드는 것은 아니다. 소설의 한 문장을 시작문장으로 사용한 경우를 보도록 하자.

'By one-thirty I had driven the twelve miles to San Luis Obispo and I was still circling through the downtown area, trying to orient myself and get a feel for the place.'

❶ By one-thirty I had driven the twelve miles to San Luis Obispo and I was still circling through the down-town area, trying to orient myself and get a feel for the place.
❷ I decided to park my car outside a small hotel with a broken neon sign which flashed 'Wel...' at unpredictable intervals and gave a greenish cast to the faces of people on the sidewalk.
❸ I looked around me carefully before opening the door and getting out.
❹ The first thing that I noticed once I was out was that the temperature must have been well below freezing.
❺ I wished I hadn't left my gloves in the house.
❻ Without them I was going to have problems handling the falcon-it had talcons like needles-and I had

> nothing with me to protect my hands.
> ❼ The twins knew more about falconry than I would ever know and I was sorely in need of their help.
>
> (Tribble, 2003, pp.30-31)

이야기가 앞으로 어떻게 전개될 지는 확실하지는 않지만, 게임의 범위 내에서 위의 텍스트는 앞의 'programming'의 예보다 훨씬 수용할 만하다. 이는 이야기글(narrative)에 대한 기대가 전문적인 또는 철학적 텍스트보다 독자의 기대를 충족시키기 수월하다는 것으로 설명할 수 있다. 소설의 경우, 작가는 독자의 흥미를 유발하기에 충분한 설득력 있는 이야기를 만들어야 하고 이러한 과정은 길게 확장될 수 있다. 예를 들어, 우리는 남가주와 같은 지역에 기온이 영하라는 것을 받아들이는데 약간의 문제를 가질 수 있지만 우리가 소설을 읽을 때 우리의 즐거움은 앞으로 진행될 내용을 예측할 수 없다는 것이고 우리는 기꺼이 글쓴이와 협력하여 이야기를 이해하려고 한다. 그러나 전문적인 텍스트의 경우, 우리는 이와는 다른 기대를 하며 독자로서 우리가 만족할 수 있는 보다 예측 가능한 방식으로 글이 전개될 것을 요구한다.

이것은 텍스트의 응집력과 관련된 언어적 표시자를 단순히 열거하는 것은 글의 일관성(coherence)의 문제를 해결할 수 없다는 것을 보여준다. 하지만 장르라는 개념을 통하여 글의 상대적인 수용가능성(acceptability)을 설명할 수 있다. 이야기글에 의해서 설정된 독자의 기대는 열려있어서 심지어 여러 작가가 함께 쾌 만족스런 텍스트를 만들어낼 수 있다. 이야기의 재미가 예기치 않은 결과일 때 우리의 기대는 실망하지 않는다. 대조적으로 전문적인 텍스트는 특정 장르로써 어떤 일관성 있는 전개의 유형을 정확하게 따르지 않는다면 독자의 기대는 실망하게 될 것이다.

문자 텍스트의 일관성을 검증하는(텍스트의 일관성이 얼마나 유지되고 있는지 알아보는 것으로) 한 방법은 텍스트를 마치 대화의 일부인 것으로 처리하는 것이다. 텍스트의 각각의 문장은 글쓴이가 독자의 반응을 글로 쓴 말(remark)이라는 것이다. 글쓴이의 문장은 바로 전 문장에 대한 독자의 반응을 예상하고 쓰여진 것이다. 이러한 글과 그 해석에 대한 견해를 Hoey(1983, pp.170-1)는 다음과 같이 요약한다.

> The writer initiates his discourse with a first sentence.... The reader scans the first sentence and forms expectations as to the information that might follow. No harm is done by representing these expectations as questions. The writer then offers a further sentence as an answer to one or more of his or her questions (or expectations). If something in the sentence signals that the question being answered is not one on the reader's short list, then the reader retrospectively has to re-create the question that it must be answering, and if this is in turn impossible, the reader assumes that the sentence are in fact unrelated and seeks a relation elsewhere in the discourse.

4.4 담화 관계

텍스트 내의 문장들의 순서적 나열로 직접적으로 표현되지 않으며, 일관성(coherence)을 지원하는 순서화의 기저원리가 되는 보다 큰 구조는 담화 관계(discourse relations)이다.

다음 문장들을 연결하는 방법은 24가지가 가능하다.

> I opened fire.
> I was on sentry duty.
> I beat off the attack.
> I saw the enemy approaching.
> (Hoey, 1983, p.35)

24가지 결합방식 중에서 가장 많은 사람들이 수용할 수 있는 순서는 아마도 다음과 같을 것이다:

> I was on sentry duty.
> I saw the enemy approaching.
> I opened fire.
> I beat off the attack.

위의 연결방식을 중립적이며 무표적인(unmarked) 것으로 기술할 수 있다. 왜 이러한 순서가 가장 선호되는지 질문할 수 있을 것이다. 한 가지 설명은 스키마(schema/schemata)의 개념이다. 스키마는 텍스트가 어떻게 전개될 것인가에 대한 독자의 기대에 기초를 제공하는 사전지식의 조직단위이다. 스키마라는 용어를 처음으로 사용한 심리학자는 Bartlette (1932)로서 그는 스키마라는 용어를 '과거의 반응 혹은 과거경험의 적극적인 구성(an active organization of past reactions or past experiences)'이라고 정의하였다. 언어 사용의 관점에서 우리는 문장 안에서 단어의 관계에 대한 기대와 문장들의 연결에 대한 기대를 가지며 또한 실제 세상에서 정보가 어떻게 조직이 되어야 하는가에 대한 지식을 가진다. 이러한 지식을 통하여 위와 같은 담화이해와 관련된 문제를 해결할 수 있는 것이다. 위의 문장들의 경우 일반적인 담화 스키마 요소인 (situation)-(problem)-(solution/response)-(evaluation/result)와 연결시켜 볼 수 있다. 한 텍스트의 기저 스키마 유형은 애매하지 않은 상황문맥의 경우에서처럼 암시적 일 수도 있고 어휘적 신호에 의해서 명시적으로 만들어질 수도 있다. 예를 들어, 다음과 같이 어휘적 신호를 사용하여 '보초병 텍스트 sentry text'의 유형을 명시화할 수 있다:

> '*The situation was that* I was on sentry duty and *a problem arose*: I saw the enemy approaching.....'

글쓴이는 텍스트의 각 부분이 서로서로 관계되어지는 방식인 담화관계를 보다 명시적으로 또는 암시적으로 만들 수 있다. 즉, 글쓴이는 독자에게 주는 지원의 양(amount of support)을 통제할 수 있다. 어떤 경우에는 '텍스트 스스로 말하게' 하여 독자가 담화 스키마 지식을 사용하여 그들의 항로를 찾아가게 할 수 있다. 독자가 글쓴이가 원하는 대로 텍스트를 해석하지 못할 위험이 있는 상황에서는 명시적인 어휘 신호로 해석의 방향을 지시할 수 있다.

담화관계에 대한 이해가 주는 유용성은 다음의 예와 같이 작가가 충분히 명시적으로 절의 관계성에 대하여 신호를 표시하지 않음으로써 독자의 해석에 문제가 발생할 때 가장 잘 볼 수 있다.

A 'breathalyser' indicates the amount of alcohol in a person's body, rather than his reaction to alcohol. Dr. Donald E. Sussman has developed a device which meausres the unsteadiness of a drinker's eyes-just one of the neurophysiological effects of drinking. [The remainder of the discourse describes the device and preliminary tests.]

(New Scientist, March 1970)

이 텍스트의 경우 처음 시작하는 문장과 다음에 뒤따르는 문장간에 연결이 잘 이루어지지 않는다. 글쓴이와 독자는 첫 문장을 통하여 암시적으로 다음과 같은 문제를 설정한다: 'How do breathlysers do this?' 그러나 다음 문장은 이 문제에 대한 답을 제공하지 않고 있다. 위 글에 대하여 Hoey & Winter(1986)는 글쓴이가 problem-solution 유형을 세우는데 실패함으로써 독자는 해석의 문제에 직면하게 된다고 설명한다. 이러한 문제를 해결하는 방법으로 'The problem with the breathalyser is that it only measures the amount...'와 같이 'problem'이라는 신호 단어(signal word)를 도입할 수 있다.

이와 같이 글쓴이가 글을 써 내려갈 때 따르는 일반적인 구성유형에는 다섯 가지 방식이 있다. 첫째 시간적 순서이다. 역사적 사건들의 연대기나 조립설명서와 같은 시간적인 연속성을 갖게 구성하는 형식이다. 둘째는 나열하는 방식이다. 명백하거나 혹은 암시적인 일반화를 시작하여 이에 대한 일련의 개념들을 나열하는 것이다. 셋째, 대조/비교의 유형이다. 사람, 장소, 사건들의 차이점과 유사점을 중심으로 구성하는 방식이다. 넷째, 원인/결과이다. 무엇이 이러한 사건을 야기 시켰으며 이들 사건들의 결과로 무엇이 발생하였는가를 기술하는 것이다. 다섯째, 문제/해결로 어떠한 문제를 제기하고 이에 대한 가능한 해결책을 제시하는 구조이다.

일반적으로 장르에 따라 특정 스키마의 사용이 대체로 고정화 되어서 경험있는 영어의 독자라면 처음 몇 줄을 읽으면 채용을 하고자 하는 편지인지 아니면 거절하는 편지인지를 알 수 있다. 만약 독자가 이러한 스키마를 갖지 못하거나 글쓴이가 이용하지 않는다면 텍스트를 특정 장르에 연결시킬 수 없을 것이고 훨씬 더 많은 처리부담이 독자에게 던져질 것이고 글의 효율성은 떨어지게 될 것이다. Carrell(1984)에 의해서 이루어진 일련의 연구는 읽기이해에 텍스트의 형식이 중요한 영향을 미친다는 것을 보여준다. 다양한 모국어 배경을 지닌 제2언어 독자를 대상으로 한 연구에서 내용적 정보는 동일한 반면에 영어의 4가지 다른 수사적 유형을 따른 설명문을 피험자들에게 읽도록 하고 피험자의 회상에 미치는 요인을 조사하였다. 이 실험에 따르면 피험자는 원인/결과, 비교/대조, 문제해결 등과 같은 잘 짜여진 텍스트의 구성을 단순히 일련의 내용을 나열한 텍스트보다 잘 이해하였으며 내용도 보다 잘 기억하였다. 즉, 잘 짜여진 수사적 형식의 글은 독자가 보다 글을 잘 읽고 이해할 수 있도록 도와준다는 것이다.

5. L2 영어 글쓴이

제2언어로 글을 쓰는 것은 모국어 화자가 모국어로 글을 쓰는 것과는 분명한 차이가 있다. Silva(1993, p.669)는 L1과 L2의 쓰기 관련 논문을 검토하면서 "L2 writing is strategically, rhetorically and linguistically different in important ways from L1 writing."라는 것을 분명하게 지적하고 있다. 우리는 교실에서 영어 학습자가 그들의 생각이나 의견을 원고로 작성하고 편집을 해야 한다는 사실을 생각하면 학습자가 모국어화자와 같은 수준으로 영어 작문을 하는 것이 얼마나 힘겨운 일인지를 알 수 있다. 따라서 이 장에서는 일반적인 제2언어 학습자의 인지적, 사회적, 문화적, 언어적 특징을 영어 쓰기와 관련시켜 살펴볼 것이다.

5.1 학습자 요인

대부분의 성인 제2언어 학습자들은 모국어수준의 목표어 능숙도를 달성하지 못하는 것이 일반적이다. 학습자 스스로 의사소통을 할 수 있는 만족스러운 수준에 도달하였다고 생각하였기 때문이거나 또는 학습자의 언어적, 사회적, 심리적 요인으로 인하여 어느 수준에서 그들의 중간어가 화석화(fossilization)되어 버렸기 때문이다. 이것은 외국어 습득의 성패에 학습자의 개인적 특성이 얼마나 중요한 요인이 될 수 있는가를 보여준다. 어떤 두 학습자도 동일한 조건하에 있기는 어려우며 각자의 언어적 배경, 인성적 특질이 그 학습자의 제2언어 습득에 긍정적 또는 부정적 영향을 미칠 수 있기 때문이다. 제2언어 습득 연구자들이 제시하는 제2언어 습득에 영향을 미치는 학습자 요인은 다음과 같다(표 5.1).

표 5.1 제2언어 습득에 영향을 미치는 학습자 요인들

Skehan(1989)	Brown(2000)	Lighntbown & Spada(2003)
Language aptitude Motivation Cognitive and affective factors a. extroversion b. willingness to take risks c. intelligence d. anxiety e. analytic versus experiential Language learning strategies	Learning Styles a. Field Independence b. Left-Right Brain Functioning c. Ambiguity Tolerance d. Reflectivity & Impulsivity e. Visual & Auditory Styles Strategies Personality factors a. Self-esteem b. Inhibition c. Risk-Taking d. Anxiety e. Empathy f. Extroversion g. Motivation	Intelligence Aptitude Personality a. Extroversion b. Inhibition Motivation & attitudes Learner preferences a. perceptual learning style b. cognitive learning style Learner beliefs Age

이러한 학습자 요인은 제2언어 쓰기에도 동일하게 적용된다. 학습자들은 각각 다른 적성, 동기, 능력을 가지며 또한 그들의 모국어에 대한 상

위인지적 지식과 글쓰기 경험이 다양할 것이다. 보다 기본적으로 학습자의 나이(age), 성(sex), 성격(personality)에 있어서도 차이가 있을 것이다. 또한 학습자의 인지 스타일(cognitive style)과 학습 전략(learning strategies)의 차이가 성공적인 영어 글쓰기 능력의 습득에 중요한 요인이 될 수 있다.

Ferris & Hedgcock(1998)는 ESL 영어 작문 수업에 참여한 학생들은 일반적으로 인지적, 상위인지적 전략 뿐만 아니라 언어적, 문화적, 인종적 배경, 개인적 능력에 있어서 차이가 많이 나는 아주 이질적인 집단이라는 것을 지적한 바 있다. 비록 우리 영어 교실의 경우 언어적, 문화적, 인종적인 차이는 없지만 개인적 능력이나 학습 전략의 차이 등 학습자 개인 차이는 아마도 쉽게 관찰할 수 있을 것이다. 영어 학습자의 학습 스타일에 대한 대표적인 연구자는 Reid이다. Reid(1998)는 학습자마다 선호하는 학습 스타일이 다르다는 것을 지적하며 다양한 학습 스타일을 고려한 수업의 중요성을 강조한다. '학습 스타일(learning style)'이란 새로운 정보 및 기술을 체득, 발전, 유지시키는 것에 대한 개인의 선천적, 습관적, 그리고 선호하는 방식을 가리키다(Reid, 1995). 어떤 것을 보면서 배우는 것을 좋아하는 '시각적(visual)' 학습자가 있는가 하면 '청각적(aural)' 학습자는 무엇인가를 알기 전에 한 두 번 듣는 것을 선호한다. 또한 '운동 지향적(kinaesthetic)' 학습자는 학습 과정에 신체적 행동(physical action)을 더 필요로 할 수 있을 것이다(부록 5.1 참조). 쓰기 지도에서 관심을 끄는 부분은 문화에 따라서 학습 스타일의 선호도에 차이가 있을 수 있다는 것이다(Oxford, Holloway & Horton-Murillo, 1992). Reid(1993)가 조사한 문화권에 따른 지각적 학습 스타일의 선호도는 다음과 같다(표 5.2).

표 5.2 문화권과 학습 스타일 선호도(Reid, 1993, p.58)

모국어 (인원수)	아주 선호하는 학습 스타일	선호하는 학습 스타일	어느 정도 선호하는 학습 스타일	조금 선호하는 학습 스타일	전혀 선호하지 않는 학습 스타일
아랍어(193)	Kinaesthetic Tactile	Auditory	Visual	Group	Individual
스페인어 (205)		Tactile		Visual Auditory Individual	Group
일본어(130)				Visual Kinesthetic Tactile Individual	Group
중국어(90)	Kinesthetic Tactile	Auditory	Visual	Individual	Group
한국어(118)	Kinesthetic Tactile	Visual	Auditory	Individual	Group

위의 표에서 한국 학생들은 활동과 실습을 통한 학습을 가장 선호하고 청각적 보다는 시각적 학습을 그리고 모둠 학습보다는 개별 학습을 선호한다는 것을 알 수 있다.

학습자 요인의 또 다른 변수는 학습자의 모험심과 관련된다. 모험을 무릅쓰고 새로운 것을 시도하는 학습자가 있는가 하면 회피하는 학습자도 있기 때문이다(Schachter, 1977). 작문과 관련된 연구로 Schleppegrell (2000)의 연구가 있다. 과학실험 보고서를 작성하는 작문 과업에서 두 명의 학생은 거의 오류를 범하지 않았으나 여러 가지 면에서 과업의 요구에 부응하지 못한 반면에 자신의 언어 수준을 넘어서 언어 사용을 확장한 학생 글쓴이는 더 많은 표면 오류를 범하였지만 과업의 내용 요구사항에 보다 적절하게 반응하였다. 이 연구는 표면적인 오류의 빈도를 근거로 수업을 진행하거나 학습자를 평가하는 것은 효과적이지 않다는 것을 보여준다. 어려운 구조를 피하면서 글을 쓰는 학생들을 위해서는 그들의 언어적 레퍼토리를 확장하도록 권장하는 문법 교육과 함께 글쓰기 과정에 대한 지도가 필요할 것이다. 학습자 차이에 대한 이해는 효과적인 영어 쓰기 지도에 중요하지만 그렇다고 영어 학습자를 개인 특질의 단순한 집합체만 생각해서도 안 된다. 제2언어 학습자들은 모국어화자와는 다른 L2 쓰기에 대한 스키마, 실제, 그리고 태도를 지니는 사회적 집단의 구성원들이다. 즉, 제2언어 학습자로서 그들의 독특한 특질은 그들이 L1과 L2 두 문화적 그리고 언어적 배경을 가진다는 것이며 모국어화자와는 달리 선행 언어 지식인 모국어가 있으며 모국어 경험을 가진다는 것을 간과할 수 없다.

5.2 언어 차이

제2언어 학습자로서 영어 글쓴이를 가장 분명하게 구별시키는 것은 자신을 영어로 적절하게 표현하는데 겪게 되는 어려움일 것이다. 제2언어 학습자는 영어 모국어화자와는 다른 언어적(모국어) 지식을 가진다. 일반적으로 모국어화자의 경우 모국어로 글을 쓸 때 모국어의 문법을 다룰 수 있는 직관적 능력을 가지며 수 천 단어의 어휘 목록을 가지지만 제2언어 학습자의 경우 영어를 배우는 동시에 영어로 글을 쓰는 것을 배우는 부담을 가진다. 이러한 언어 학습의 발달적 측면으로 인하여 제2언어 학습자가 쓴 L2 텍스트는 영어 모국어화자의 텍스트에 비해서 효과적이지 못한 경우가 빈번하다. 많은 연구가 L2 학습자의 글은 일반적으로 짧고 응집력이 없으며 오류를 더 많이 포함하고 있다는 것을 지적한다(예: Purves, 1988).

학습자들은 공통적으로 언어의 어려움, 특히 어휘와 문법 지식의 부족을 영어 글쓰기의 가장 중요한 문제점으로 지적을 하며 자신의 생각을 적절하고 정확한 영어로 전달하지 못하는 것에 대한 좌절감을 표현한다. 학습자들은 좋은 생각을 가지지만 외국어로 적절하게 전달하기 하는데 언어적 자원의 부족을 절실하게 느낀다. 다음은 영어 글쓰기에 대한 제2언어 학습자들의 생각을 보여준다(Hyland, 2003, pp.34-5).

> I have some ideas and I can't, I can make it in my language or in my opinions, sometimes it's English, but I can't write down correctly. Ah, my essay always don't be academic. It just tend to write personal writing always. Or my ideas don't stay one point always. Still quite unskillful and what I want to say isn't expressed, isn't explained in my essay. (Maho, Japanese student)

> I will never reach the advanced stage because another language is not my own language... and it takes a long time to know when you describes something you have to choose another word, not just by some simple words. If I have a good idea but I cannot write down my idea and I cannot graduate. (Liang, Taiwanese student)

> Right at first I tell you this is what I think in my language and I write in English and native speaker who use English fluently will not understand. But if I give this to my Thai friends to read, they will understand and admire every time.... In my mind I can think more than I can write. I

cannot find the suitable word. I just use simple words and not the ones that show the deep meaning. (Samorn, Thai student)

위의 예에서도 볼 수 있듯이 많은 경우 성인 영어 학습자들은 고도의 인지적 능력과 초인지적 전략을 모국어를 글쓰기 과업에 이용할 수 있다. 그러나 모국어의 구어 · 문어적 능력이 제2언어로 글을 쓰는데 항상 이점이 되는 것은 아니다. 위의 예에서 보듯이 지적 능력을 갖춘 제2언어 학습자도 영어로 그들이 원하는 만큼 표현을 할 수 없다. L1의 언어 · 수사적 지식이 L2로 성공적으로 전이되는 것은 아니며 실제로 간섭을 일으킬 수도 있다(Connor, 1996).

학습자의 L1 문어 지식이 L2로 어떻게 전이되는가에 대한 연구결과는 다소 혼돈스럽다. 아마도 제2언어 쓰기에 L1의 영향은 다양한 양상으로 나타날 수 있으며 그것이 L1과 L2 쓰기의 두드러진 차이일 것이다. L1과 L2의 쓰기에 대한 연구결과를 요약하면 다음과 같다(Silva, 1993; Leki, 1992).

- 일반적인 작문 과정은 L1과 L2에서 유사하다.
- L1과 L2 능숙한 글쓴이는 초보자와는 다르게 작문을 한다.
- 고급수준 L2 글쓴이는 언어적 능력보다는 작문 능력에 더 많은 영향을 받는다. 초급수준의 경우 그 반대이다.
- L1 작문 전략은 L2로 전이 될 수도 있고 그렇지 않을 수도 있다.
- L2 글쓴이는 L1 글쓴이 보다 더 적게 계획을 하고 더 짧은 글을 산출한다.
- L2 글쓴이는 목표를 정하고 재료를 생성하는데 보다 어려움을 가진다.

- L2 글쓴이는 보다 많이 수정하지만 자신의 글에 대하여 보다 적게 숙고한다.
- L2 글쓴이는 덜 유창하고 정확한 글을 산출한다.
- L2 글쓴이는 교사-편집과 피이드백에 보다 수용적 태도를 보인다.

5.3 문화 차이

또 다른 중요한 차이는 문화이다. 문화는 학습자의 배경적 이해, 스키마 지식을 형성하며 글을 쓰는 방식, 언어 수행에 상당한 영향을 미칠 수 있다. 언어와 학습은 문화와 뗄 수 없이 함께 묶여 있다(Kransch, 1993). 사회집단의 문화적 가치는 그 언어에 반영되어 있고 언어를 통하여 이어진다. 그리고 문화는 그 구성원들로 하여금 특정 방식을 이용하여 그들의 지각과 기대를 조직하도록 한다. 따라서 문화간 기대, 전략, 신념의 차이는 다른 문화에 대한 오해를 가능하게 만들 수 있다.

제2언어 쓰기와 관련하여서 학습, 교수 그리고 쓰기에 대한 문화권간의 개념상의 차이가 영어 학습자의 작문 평가에 영향을 미칠 수 있다. 예를 들어, 우리나라와 같은 동양문화권에서 권장하는 수업의 태도나 학습 전략이 서양문화권과 대조될 수 있고 심지어는 갈등을 일으킬 수 있다. Billard & Clanchy(1991)는 지식에 대한 태도를 지식의 보존을 존중하는 것에서 지식의 확장에 가치를 두는 것의 연속체로 설명한다. 즉 서양의 교육과정은 지식에 대하여 분석적, 질의적 그리고 평가적인 태도를 취하는 것을 강화하면서 학생들에게 기존의 원천을 비판적으로 결합하고 자신의 견해를 형성하는 것을 권장한다고 지적한다. 따라서 쓰기 수업에서도 학생들은 문제를 분석하고 논의를 숙고하여 자신의 생각을 형성해야 한다. 따라서 Bereiter & Scardamalia(1987)은 성숙한 글은 글쓴이가 현재의 지식을 정교화하고 세련화하고 있는 '지식의 변형(knowledge transformation)'이 이루어진 글로 특징화한다.

반면에 많은 아시아 문화권의 경우 기존지식을 보존하고 재생산하는 것을 선호한다. 암기와 모방과 같은 전략은 기존지식에 대한 존중을 나타내는 것이다. Bereiter & Scardamalia(1987)는 다른 사람의 생각을 재생산하는 이러한 접근방식의 글쓰기를 '지식 전달(knowledge telling)'이라고 특징화하며 미숙한 글쓰기로 정의한다. 따라서 문화적 차이를 고려하지 않는다면, 동양문화권 학생의 영어 작문은 표절 내지 모방으로 간주되어 질 수 있다.

지식에 대한 문화적 태도 차이와 함께 정체성에 대한 개념에서도 차이가 있다. Markus & Kitayama(1991)는 개인의 독자성과 고유성을 강조하는 서양의 독립적 견해와 인간의 상호의존성을 주장하는 동양문화에서의 자아에 대한 개념을 비교한다. 서양의 교실에서 '훌륭한 글'은 일반적으로 글쓴이의 창의성과 비판적 사고가 잘 나타난 것이며 교사의 역할은 이러한 능력을 계발하도록 학생을 돕는 것이다. 학생들은 자신의 판단을 해야 하고 자신의 지식과 의견을 제시하여야 한다. 텍스트는 글쓴이의 목소리를 잘 나타내 주어야 한다. 그러나 이러한 개념은 보다 집단적 상호의존적 문화권에서 교육을 받은 제2언어 학습자에게 문제를 야기할 수 있다. 집단문화권 출신의 학습자들은 개인적 지위 보다는 집단의 소속감, 나이, 성별 등에 좌우되는 경향이 있다. 또한 글쓰기는 자신의 표현 보다는 지식의 전수로 여기는 경향이 있다. 학생은 기존지식을 발전시키기 보다는 사회적으로 공유하고 있는 지식을 소통하는 것을 가정하기에 개인적 목소리의 부재는 동양문화권에서는 대체로 무관하다. 따라서 한국학생들을 포함하여 동양 학생들은 인용표시 없이 다른 사람의 글을 쓰는 것이 그들의 지식을 나타내고 그 사상가에게 명예가 되며 독자의 학식을 존중하는 것이지만 서양문화권에서는 그러한 차용은 생각없는 표절로 간주되어진다.

지식, 텍스트 그리고 자아에 대한 문화적 차이는 쓰기 지도에 중요한 암시를 해 준다. 일반적으로 효과적인 영어 작문의 중요한 장애물로 언어적 문제를 생각하지만 그것은 어쩌면 표면적 오류로 '훌륭한 글'에 대한 문화적 견해의 차이에 비하면 실제로 심각하지 않을 수 있다는 것이다. 효과적인 쓰기 지도를 위해서는 무엇보다도 교사는 쓰기에 대한 문화적 차이에 대한 인식과 이해가 필요하다.

5.4 문자 텍스트 차이

문화와 글쓰기에 대하여 가장 많이 연구되어진 분야는 수사법에 대한 언어간의 비교분석 연구이다. 수사법 대조분석(Contrastive rhetoric)으로 알려진 분야로 Connor(1996, p.5)는 다음과 같이 주장한다.

> Language and writing are cultural phenomena. As a result, each language has rhetorical conventions unique to it. Furthermore the linguistic and rhetorical conventions of the first language interfere with the writing of the second language.

수사법의 문화적 차이에 대한 관심은 Kaplan(1966)의 연구로 부터이다. Kaplan은 600명의 제2언어 학습자들의 작문을 분석하였고 언어 배경이 다른 학생들은 체계적으로 다른 방식으로 생각을 확인하고 전개시켜 나간다는 것을 발견하였다. 그는 문단 전개방식의 5가지 유형을 확인하였고 그것을 다음과 같이 다이어그램으로 나타냈다.

그림 5.1 언어에 따른 문단 전개방식(Kaplan, 1966)

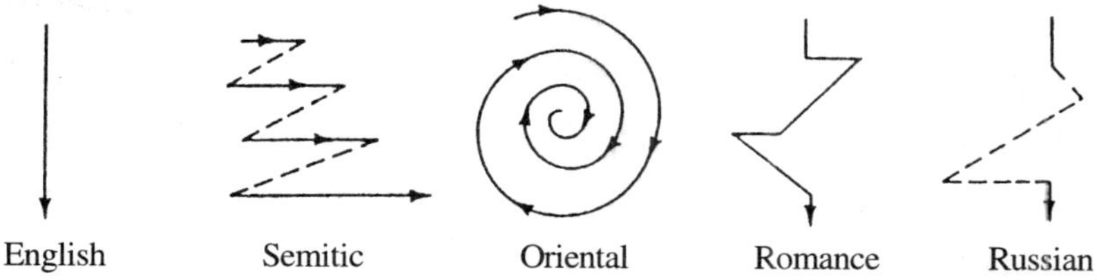

Kaplan에 따르면 선형적인 영어 문단구조와 비교할 때 아라비어어화자는 일련의 평행적 대등절을 토대로 텍스트를 산출한다. 동양권의 언어는 간접적으로 접근해가면서 끝에 가서 결론을 제시하였고 프랑스어, 스페인어, 러시아어 화자의 글은 본론에서 벗어나서 다른 소재를 도입하여 글을 구성한다.

응용언어학자 William Eggington(1987)은 한국어 텍스트를 분석하여 한국어 텍스트는 간접적이고 비선형적인 전개를 따른다는 것을 제시한다. 기-승-전-결의 4단계 문단 전개 구성유형은 한국어 텍스트의 비선형성을 나타낸다는 것이다. 즉, 한국어 텍스트는 도입, 주제의 전개, 다소 무관한 주제로의 전환, 그리고 결론으로 구성되며 텍스트의 끝에 글의 목적이 위치하는 간접적인 구성방식을 따른다는 것이다.

Kaplan은 문화-특정적인 문단구성 유형은 영어 학습자의 작문에 부정적인 영향을 미치며 따라서 영어 학습자들은 명백한 주제문을 가진 직선적인 설명문의 문단 구성을 명시적으로 학습하도록 권한다. 그러나 Kaplan의 이러한 처음 주장은 그 후 많은 비판의 대상이 되었다. 무엇보다도 영어 화자와 영어 수사유형을 기준으로 하여 지나치게 규범적인 제시를 하였다는 것이다. 영어 화자의 글을 '선형적인' 구조로 특권화하는 지나치게 자기민족적이며 L1과 L2의 글의 형식을 지나치게 단순화하여 비교하였다는 비판을 받고 있다. 예를 들어, Kachru(1996)는 영어의 초대글과 같은 글의 형식이 인도에는 없으며 따라서 인도의 글의 형식은 서양의 것과 평행적이지 못하고 두 언어의 글을 직접적으로 비교하는 것은 바람직하지 않다는 것을 지적하였다.

오늘날 수사법 대조분석을 연구하는 학자들은 글이 그 언어의 실제적인 사고유형을 반영한다는 강력한 주장은 채택하지는 않고 있다. 그러나 L1 수사구조는 그 문화속에서 학습된 그 언어가 선호하는 글의 형식이라고 본다면 L1의 수사적 유형이 제2언어 학습자가 영어로 글을 쓰는데 영향을 미칠 수 있다는 것은 자연스런 예측일 것이다.

5.5 글쓴이와 독자의 책임

기본적으로 L2 글쓴이는 자신과 친근한 모국어권 문화로부터 글을 쓰며 목표어 문화권 독자는 목표어 상황문맥에서 글을 읽어나간다. 글쓴이와 독자가 서로 다른 언어 문화권에서 글을 쓰고 읽게 됨으로써 의사소통상에 문제가 일어나는 것은 자연스러운 현상일 수 있다. 이러한 문자 의사소통상의 문제는 문화권에 따라 의사소통상의 책임이 누구에게 부여되느냐의 문제와 관련된다. 일반적으로 영어와 같은 언어의 경우 의사소통의 책임은 글쓴이에게 있으며 한국어, 일본어 등은 독자에게 그 책임이 있다(Hinds, 1987, p.143). 영어문화권에서는 글쓴이는 명백하고 잘 조직된 글을 산출하여야 하는 반면에 동양문화권의 경우 독자가 주어진 힌트와 뉘앙스를 음미하면서 의미를 찾아야 하는 텍스트를 산출한다.

능숙한 영어 모국어 글쓴이는 독자가 자신의 글을 잘 이해하도록 돕기 위하여 규칙적인 신호표지판(signposts)을 사용한다. 글쓴이는 하나의 생각에서 다음으로 넘어갈 때 적절한 연결어를 사용하고 텍스트에 규칙적으로 신호(signals)를 설치함으로써 독자가 글쓴이가 어떻게 텍스트를 의도하고 있는가를 볼 수 있게 해야 한다. 이러한 신호를 상위담화표시자(metadiscourse markers)라 하며 이들은 텍스트를 명확하게 구성 조직하는데 기여한다. 상위담화표시자의 예는 다음과 같다.

- 순서를 나타내는 표시: first, next, last
- 생각을 이어주는 표시: however, therefore, on the other hand
- 지금까지의 내용을 정리하는 표시: to summarize, in conclusion, for example
- 글의 앞부분을 되돌아보는 표시: in the last section we..... here we will address
- 내용에 대한 논평 표시: you may not agree that..., it is surprising that...

이러한 표시는 독자가 글을 읽어나가는데 도움을 주는 표시들이다. 특히나 미국인들의 경우 이러한 표시를 다른 언어화자들 보다 많이 사용하는 경향이 있다. 그러나 글의 이해에 대한 책임이 독자에게 보다 많이 주어지는 언어문화권의 영어 학습자에게 이러한 표시의 적절한 사용이 항상 분명하고 쉬운 것은 아니다.

수사법 대조분석은 글쓰기는 문화적 자원이며 문화마다 다양한 장르와 수사적 관례가 작동한다는 것을 보여준다. 훌륭한 글쓴이는 그 문화에서 작동하는 글쓰기 관례와 기대를 토대로 독자가 그들의 텍스트에 어떻게 반응할 것인지에 대하여 보다 잘 상상할 수 있는 사람이다. L2 영어 학습자는 이러한 능력을 새로이 습득하여야 하며 이것은 논리적인 사고 능력이나 작문 능력이 아닌 새로운 문화의 문어 능력을 습득하는 것으로 제2언어 학습자에게 무한한 도전정신이 요구되는 과업인 것이다.

수사법 대조분석이 영어 쓰기 지도에 주는 교육적 함축은 비모국어화자의 글쓰기 방식을 영미인의 글쓰기 방식으로 전환시켜야 한다는 것이다. 이것은 아마도 Phillipson(1992)이 비판한 '언어적 제국주의(linguistic imperialism)'일 수 있다. 분명히 세계의 모든 영어 사용자들을 하나의 표준에 맞추어서 훈련시키는 일은 불가능하며 비현실적이다. 대신에 교사는 다양한 수사법에 대하여 인식하고 제2언어 학습자들이 직면하는 문제들에 대하여 이해하고 글쓰기의 다른 관례에 대하여 수용적인 태도를 가지는 것이 필요하다. 그러나 이러한 관용(tolerance)은 또한 영어 독자가 수용할 수 있는 L2 학습자 텍스트의 분산 정도(degree of variance)에 대한 이해와 함께 조절되어야 한다.

수사법 대조분석은 문화에 따라서 얼마나 다양한 문체가 있을 수 있는가에 대하여 보여줌으로써 글쓰기의 전형으로부터 우리를 보다 자유롭게 해 주며 동시에 영어 작문 지도에 의미있는 통찰력을 제시해 줄 수 있다.

부록 5.1 학습 스타일 선호도 설문지

이름 ________ 나이 _____ 모국어 ______________ 성(Sex) _____

여러분의 영어 공부에 적용하여 아래의 항목에 답하여 주세요. 아주 그렇다는(5), 그렇다(4), 잘 모르겠다(3), 아니다(2), 전혀 아니다(1) 중에서 적절한 번호에 표시를 하세요. 가능한 빨리 하시고 한번 한 것을 고치지 마시기 바랍니다.

1.	When the teacher tells me the instructions, I understand better	5	4	3	2	1
2.	I prefer to learn by doing something in class	5	4	3	2	1
3.	I get more work done when I work with others	5	4	3	2	1
4.	I learn more when I study with a group	5	4	3	2	1
5.	In class, I learn more when I study with a group	5	4	3	2	1
6.	I learn better by reading what the teacher writes on the board	5	4	3	2	1
7.	When someone tells me how to do something, I learn better	5	4	3	2	1
8.	When I do things in class, I learn better	5	4	3	2	1
9.	I remember things I have heard in class better than things I have read	5	4	3	2	1
10.	When I read instructions, I remember them better	5	4	3	2	1
11.	I learn more when I can make a model of something	5	4	3	2	1
12.	I understand better when I can read instructions	5	4	3	2	1
13.	When I study alone, I remember things better	5	4	3	2	1
14.	I learn more when I make something for a class project	5	4	3	2	1
15.	I enjoy learning in class by doing experiments	5	4	3	2	1
16.	I learn better when I make drawings as I study	5	4	3	2	1
17.	I learn better in class when the teacher gives me a lecture	5	4	3	2	1
18.	When I work alone, I learn better	5	4	3	2	1
19.	I understand things better in class when role playing	5	4	3	2	1

		5	4	3	2	1
20.	I learn better in class when I listen to someone	5	4	3	2	1
21.	I enjoy working on an assignment with two or three classmates	5	4	3	2	1
22.	When I build something, I remember what I have learned better	5	4	3	2	1
23.	I prefer to study with others	5	4	3	2	1
24.	I learn better by reading than by listening to someone	5	4	3	2	1
25.	I enjoy making something for a class project	5	4	3	2	1
26.	I learn best in class when I can participate in related activities	5	4	3	2	1
27.	In class, I work better when I am alone	5	4	3	2	1
28.	I prefer working on projects by myself	5	4	3	2	1
29.	I learn more by reading textbooks than by listening to lectures	5	4	3	2	1
30.	I prefer to work by myself	5	4	3	2	1

각 학습 스타일에 다음과 같이 5항목으로 이루어져 있다.

Visual: 6, 10, 12, 24, 29　　Auditory: 1, 7, 9, 17, 20

Kinesthetic: 2, 8, 15, 19, 26　　Tactile: 11, 14, 16, 22, 25

Group: 3, 4, 5, 21, 23　　Individual: 13, 18, 27, 28, 30

각 학습 스타일의 항목들의 점수를 더해서 2를 곱하시오.

아주 선호하는 학습 스타일　38-50

조금 선호하는 학습 스타일　25-37

무시할 정도의 학습 스타일　0-24

출처(J. Reid, in Hyland, 2003, p.53)

6. 쓰기 지도에 대한 접근방식

지금까지 우리는 쓰기와 다른 언어 기능의 차이, 문자 텍스트의 어휘 밀도, 어휘 빈도, 담화수준에서의 문단조직, 그리고 L2 영어 글쓴이의 특징을 살펴보았다. 이제부터는 보다 쓰기 지도와 직접적으로 관계된 지도법에 대하여 살펴보도록 하자. 쓰기 지도에 대한 중요한 접근방식은 형태, 기능, 내용, 글쓴이, 독자의 관점으로 구분하여 볼 수 있는데 이들 관점은 쓰기 지도의 중요한 변화를 보여준다. 형태에 대한 관심은 전통적인 텍스트에 토대를 둔 접근방식으로 현재에도 많은 교재에서 사용되고 있다. 형태에 초점을 두는 지도에서는 모델 작문을 모방하고 각색하는 활동이 중심이 된다. 이러한 지도에서 교사의 역할은 무엇보다도 학생들의 쓰기에 나타난 문법적 오류의 교정에 초점을 둔다. 다음으로 기능적 수사적 접근방식이 있다. 이 방식에서는 다양한 유형의 문단을 작문하는 것을 중심으로 지도한다. 세 번째는 내용 중심 지도로 이 접근방식에서는 글쓴이는 주제에 대하여 자기 나름대로의 지식을 가질 때 의미있는 작문을 할 수 있다는 것을 전제한다. 네 번째 접근방식은 전통에 대한 반발로 텍스트의 독자적인 생산자인 글쓴이에 초점을 두는 방식이다. 학습자가 아이디어를 생성하고 자료를 수집하고 최종 텍스트를 출판하게 되는 일련의 글쓰기 활동에 초점을 둔다. 따라서 이 접근방식은 쓰기 기술을 가르치는 과정 접근방식이라고 일컬어진다. 다섯 번째 접근방식은 보다 사회적이며 글쓴이와 텍스트 그리고 독자의 상호작용을 강조한다. 이 접근방식에서는 독자가 텍스트의 목적을 이해하지 못하면 의사소통은 성공하지 못할 것이라는 것을 전제로 텍스트가 본질적으로 어떤 목적을 가지고 쓰여지는 사회적 활동이라는 것을 강조한다. 독자에게 초점을 두는 이 접근장식을 장르 접근방식이라고 한다.

6.1 언어 중심 지도

언어의 형태에 초점을 두는 쓰기 지도는 1960년대 지배적이었던 구조주의 언어학과 행동주의 학습 이론의 결합으로 나타난 것이다. 쓰기는 글쓴이의 목표어 구사 능력으로부터 구성된 결과물이고 교사가 제시한 모델을 모방하고 조작함으로써 학습자의 쓰기 발달이 이루어진다고 전제한다. 따라서 이 관점에서는 쓰기는 문법의 확장인 것이다. 이러한 관점의 쓰기 지도는 하나의 결과물로서의 텍스트의 형식적 단위, 즉, 문법적 특질에 초점을 둔다. 따라서 외국어 또는 제2언어로 쓰기를 배운다는 것은 텍스트의 본질적인 벽돌을 이루는 언어 지식, 어휘 선택, 구문패턴, 그리고 연결장치(cohesive devices)를 익히는 것이다.

언어 구조를 강조하는 쓰기 지도는 다음과 같은 4단계 과정의 지도가 전형적이다.

❶ 언어 구조 익히기: 학습자가 일반적으로 텍스트를 통하여 특정 문법과 어휘를 배운다.
❷ 통제 작문(controlled writing): 학습자는 대체표(substitution table)를 이용하여 고정된 패턴을 조작한다.

> ❸ 유도 작문(guided writing): 학습자는 모델 작문을 모방한다.
> ❹ 자유 작문: 학습자는 연습한 언어 패턴을 사용하여 작문을 한다.

텍스트는 일련의 적절한 문법 구조의 연결체이고 따라서 일반적으로 'slot and filler' 형식을 이용하여 빈칸에 다양한 단어를 집어넣음으로써 다양한 의미의 문장을 만드는 지도가 이루어진다. 엄격한 통제하에 학습자에게 짧은 텍스트가 주어지고 학습자는 빈칸 채우기, 문장 완성하기, 시제 바꾸기 등과 같은 쓰기 연습을 한다. 예를 들어, 다음과 같은 대체표가 학생들에게 주어지고 학생들은 위험부담 없이 문장을 생성할 수 있다(표 6.1).

표 6.1 대체표(Hamp-Lyons & Heasley, 1987, p.23)

		types			: A, B, and C.
There are		kinds			. These are A, B, and C.
	Y	classes		of X	are A, B, and C.
The		categories			
	consists of			categories	
X			Y	classes	. These are A, B, and C.
	can be divided into			kinds	: A, B, and C.
A, B, and C are		kinds		of X.	
		types			
		categories			

구조 중심에서는 쓰기는 어휘와 구문의 결합이라는 것을 강조하고 좋은 쓰기의 중요한 기준은 정확성과 명확한 설명이라고 봄으로써 실제 의사소통 내용인 '의미'는 중요하게 다루어지지 않고 있다. 고정된 언어 패턴을 산출하는 학습자의 기술을 향상시키는 것이 쓰기 지도의 중요한 부분이며 학습자의 글에 대한 교사의 반응도 또한 학습자의 언어 체계 구

사 능력에 있어서의 문제점을 찾아내고 교정하는 것이다. 이러한 테크닉은 현재까지도 어휘력을 쌓고 영어 쓰기 발달을 지원하며 초보자의 자신감을 형성하기 위하여 초급 영작문 수업에서 널리 사용되고 있다.

실제로 많은 외국어 쓰기 학습자들이 이러한 방식으로 배우고 있지만, 구조 중심의 쓰기 지도는 몇 가지 문제점을 가진다. 먼저 많은 경우 언어의 구조패턴이 실제 텍스트에 대한 분석을 통해서가 아니라 교재 편집자의 직관에 의존하는 짧은 조각글로 제시되어진다는 것이다. 그 결과 학습자는 2-3문장 이상의 글을 전개하기가 어렵고 다른 상황에 직면했을 때 어떻게 글을 써야 할지 혼란을 겪을 수 있다. 또한 구문 복잡성과 문법적 정확성은 학습자의 쓰기 언어 발달을 측정하는 유일한 특질은 아닐 뿐만 아니라 최상의 측정도구도 아니라는 것이다. 많은 경우 정확한 문장을 구성할 수 있지만 적절한 문자 텍스트를 산출할 수 없는 학습자의 경우를 볼 수 있다. 그리고 작문에 오류를 범하는 것을 최소화하려는 것이 발전적으로 나타나기 보다는 모험을 감수하려하지 않는 태도로 나타날 수 있다는 것이다.

또 다른 문제점으로 쓰기 지도의 목표가 단지 명시성과 정확성 훈련일 수 없다는 것이다. 문자 텍스트는 항상 특정 주어진 의사소통 상황에서 이루어지는 반응이기 때문이다. 훌륭한 쓰기는 항상 상황문맥적으로 변할 수 있고 따라서 훌륭한 쓰기를 규정하는 보편적 특질이 있을 수 없기 때문이다. 훌륭한 글쓴이는 항상 독자에 대한 자신의 지식과 비슷한 텍스트에 대하여 가지고 있는 지식을 바탕으로 무엇을 그리고 어떻게 말할지를 결정하며 형태에 따라서 다른 관계와 의미가 표현된다는 것을 인식한다. 독자 또한 자신의 언어적 그리고 상황문맥적 가정을 바탕으로 텍스트로부터 의미를 끌어낸다.

따라서 표면적인 형태에만 초점을 두는 쓰기 지도는 효과적인 지도라고 할 수 없다. 표면적인 언어 특질에 대한 통제는 중요하며 학습자들은 단어, 문장, 그리고 더 큰 범주인 담화구조가 어떻게 형성되고 의미를 전달하는가에 대한 이해가 필요하다. 그러나 문법적으로 정확한 텍스트를 쓰는 것뿐만 아니라 특정 목적과 상황에서 이러한 지식을 어떻게 적용할 수 있는가에 대한 지도가 함께 이루어져야 할 것이다.

6.2 기능 중심 지도

기능적 또는 수사적 접근방식의 중요한 원리는 구조와 의미의 연결이다. 즉, 특정 언어 형태는 특정 언어 기능을 수행하고 학습자에게 가장 필요한 기능을 가르칠 수 있다는 것을 전제한다. 이 접근방식에서는 학습자가 주제문, 보충문, 그리고 연결문(transitions)을 통하여 효과적인 문단을 쓰며 다양한 유형의 문단을 쓰도록 돕는 것을 목표로 한다. 학습자은 규범화된 공식에 의해 연결되는 문장을 산출한다. 문장수준의 활동과 함께 스크램블드 문단에서 문장들을 순서화하기, 적절한 문장을 골라서 문단의 빈 부분을 완성하기 그리고 주어진 정보를 이용하여 문단을 쓰기와 같은 작문 과업이 이루어진다.

텍스트를 서론-본론-결론과 같은 구조적 실체의 구성으로 보는 이 접근방식은 이야기글, 묘사문, 설명문과 같은 문단구성 유형을 중심으로 쓰기 지도가 이루어진다(그림 6.1).

그림 6.1 기능적 쓰기 교재의 목차

Unit 1	Structure and cohesion
Unit 2	Description: Process and procedure
Unit 3	Description: Physical
Unit 4	Narrative
Unit 5	Definition

Unit 6	Exemplification
Unit 7	Classification
Unit 8	Comparison and contrast
Unit 9	Cause and effect
Unit 10	Generalization, qualification, and certainty
Unit 11	Interpretation of data
Unit 12	Discussion
Unit 13	Drawing conclusions
Unit 14	Reports: studies and research
Unit 15	Surveys and questionnaires

(Jordan, 1990)

일반적으로 모델 텍스트가 제시되고 모델 텍스트에 대한 이해점검이 이루어진다. 그 다음 목표 기능을 표현하는데 사용되어진 언어에 주의 집중하면서 그것을 자신의 글에 사용할 수 있는 학습자의 능력을 계발하는 연습문제를 한다. 이러한 연습활동은 학습자의 쓰기 발달에 좋은 발판이 될 수 있다. 예를 들면 다음과 같다(그림 6.2).

그림 6.2 문단구성법

원인과 결과의 작문을 구성하는데는 두 가지 방식이 있다: '블럭'구성과 '고리'구성. 블럭구성에서는 먼저 모든 원인을 하나의 블럭에 논하고 그 다음 결과를 함께 하나의 블록에 논하는 방식이다. '고리'구성에서는 먼저 첫째 원과 그 결과를 논하고 그 다음 두 번째 원인과 결과, 세 번째 원인과 결과를 논한다. 각 원인과 결과는 새로운 문단을 구성하고 모든 문단은 고리로 연결된다.

블럭(block)	고리(chain)
Introduction	Introduction
First cause	First cause
Second cause	Effect
Transition paragraph	Second cause

First effect	Effect
Second effect	Third cause
Third effect	Effect
Conclusion	Conclusion

(Oshema & Hogue, 1999, pp.130-1)

이러한 과업과 지도에 의미가 관련되기는 하지만 본질적으로 학생들과 관련된 어떤 의미나 목적을 가지는 활동이 아니기 때문에 글쓴이의 개인적 경험과 실제적 목적과는 거리가 있는 쓰기이다. 이러한 접근방식은 기본적으로 텍스트는 특정 상황문맥, 글쓴이 또는 독자와는 독립적으로 가르쳐질 수 있는 대상이며 규칙을 따르면 글쓴이는 충분히 자신이 의도하는 의미를 나타낼 수 있다는 것을 전제한다. 그러나 쓰기는 언어적 요소들을 나열하는 것 이상이며 쓰기 지도는 학생들에게 이러한 패턴을 기억하고 실행하도록 돕는 것 이상이다. 따라서 쓰기 지도에서 글쓴이와 독자에 대한 인식의 필요성이 대두하게 된다.

6.3 내용 중심 지도

학생들이 작문을 해야 하는 실질적인 내용을 중심으로 외국어 쓰기 지도가 이루어질 수 있다. 학생들은 일련의 주제에 대하여 자기 나름대로 지식을 가져야 그것에 대하여 의미있는 작문을 할 수 있다. 일반적으로 대부분의 경우 내용만 중심으로 쓰기 지도를 계획하는 경우는 드물고 다른 접근방식을 결합하여 통합적으로 쓰기 지도가 이루어진다.

언어 구조와 텍스트의 기능에 초점을 두면서 내용 중심 쓰기 지도를 할 수 있다. 주제와 관련된 언어 구조와 어휘를 학생들에게 제시하여 주고 일련의 연습활동이 주어진다. 또한 텍스트의 기능에 대한 인식을 높여주면서 주제에 대한 자신의 생각을 표현하는 유용한 수사적 유형(rhetorical patterns)을 지도할 수 있다.

다른 한편, 환경, 사형제도, 흡연 등과 같은 사회적 문제를 주제로 하여 과정 중심 쓰기 지도를 구성할 수 있다. 익숙하지 않은 주제에 대하여 작문을 해야 경우 제2언어 학습자는 어려움을 가질 수 있지만 학생들은 과정 중심 지도의 적절한 쓰기 활동을 통하여 새로운 방식으로 주제에 대하여 생각할 수 있다. 교사는 텍스트를 생성하는데 필요한 적절한 배경지식을 학습자들이 습득하도록 다양한 스키마 발달 연습활동을 시도할 수 있다. 예를 들어, 주제에 대한 글을 읽으면서 아이디어를 찾기, 사진에 대한 반응, 다양한 브레인스토밍 활동 등이다.

내용 중심의 경우 주어지는 학생들의 언어 수준에 따라서 정보의 양을 조절할 수 있다. 초급수준의 경우 많은 내용이 제시됨으로써 학생들이 쓰기 재료를 생성하고 구성하는 어려움을 줄여 줄 수 있으며 반면에 고급수준의 경우에는 작문의 기초가 되는 정보를 협력하여 함께 수집하도록 할 수 있다. 학생들에게 도서관이나 인터넷을 이용하여 또는 인터뷰나 설문지를 이용하여 자료조사를 실시하도록 할 수 있다. 이러한 수업의 경우 모둠활동으로 학생들간의 협력을 통하여 아이디어를 생성하고 정보를 수집하고 텍스트를 조직하도록 할 수 있다.

내용 중심 지도는 많은 부분을 읽기에 할애를 하고 읽기와 쓰기의 밀접한 관계성을 이용한다. 텍스트를 효과적으로 읽는 기술과 자신감을 갖는 것이 작문의 기초인 것이다. 읽기는 작문의 내용과 표현을 위한 적절한 수단을 제공하는 것으로 작문 능력의 발달에 읽기의 긍정적인 역할을 강조한다.

Krashen(1993)은 제2언어 쓰기 능력은 쓰기만을 연습함으로써는 성공적으로 습득될 수 없으며 폭넓은 독서가 함께 이루어져야 한다는 것을 제시한다. 즉, 읽기가 작문 능력에 긍정적인 영향을 미친다는 것이다. 읽기를 통하여 학습자는 어떤 주제에 대하여 새로운 지식을 습득할 뿐만 아니라 작문에 필요한 수사적 그리고 구조적 지식을 얻을 수 있다. 즉, 읽기를 통하여 문법, 어휘, 문단구성 등과 같은 문자 텍스트의 특질에 대하여 지식을 얻을 수 있는 것이다.

6.4 과정 중심 지도

전통적으로 외국어 쓰기 지도는 문법적이고 통사적인 정확성의 발달을 강조하면서 글쓰기의 산출물(product)에 초점을 맞추어왔다. 그러나 최근 L1 작문 이론과 연구가 채택되면서 제2언어 쓰기 지도에서 결과물에 대한 초점에서 쓰기 과정에 더욱 초점을 두고 있다. 과정 중심 외국어 쓰기 지도는 글쓰기의 창의성과 예측불가능성을 강조하며 글을 쓰는 활동에서 중심이 되는 인지과정에 초점을 둔다. Flower & Hayes(1981)는 L1 작문 절차의 포괄적 문제해결 모형을 제시하였고 그 후 그들의 계획하기(planning)-글쓰기(writing)-점검하기(reviewing) 모형은 제2언어 쓰기 지도에서 폭 넓게 받아들여지고 있다. Zamel(1983)은 쓰기는 글쓴이가 의미를 표현하고자 비선형적(non-linear), 탐색적, 생성적 과정을 통하여 생각을 발견하고 재형성하는 과정이라고 설명한다.

6.4.1 글쓰기 과정 모형

쓰기 과정 연구가들에 의해서 제시되는 글쓰기 과정의 일반적인 단계는 다음과 같다.

Prewriting: 과업 설정하기/계획하고 윤곽잡기/자료 모으기/메모하기

⬇

Composing: 글쓰기하기

⬇

Revising: 재구성하기/강조점 바꾸기/ 독자에 맞추어서 정보와 스타일 집중하기

⬇

Editing: 문법 점검하기/어휘/구두점, 철자, 배열, 인용, 참고문헌과 같은 표면 자질 점검하기

연구자들은 쓰기 과정의 단순한 선형적 모델은 실제 글쓰기 과정을 전반적으로 보여주지 못한다는 점을 지적하며 글쓰기 과정을 반복적이며 복잡한 과정으로 기술하고 있다. White & Arndt(1991)는 쓰기는 지속적이며 지적인 노력이 필요한 복잡한 인지적 과정으로 다음의 여섯 가지 단계가 순환적으로 반복되는 절차로 글쓰기 과정을 모형화하였다(그림 6.3).

- 초고쓰기
- 조직화하기
- 점검하기(상황문맥과 연결을 점검하기, 편집하기)
- 집중화하기(전달하고자 하는 내용을 확실하게 하기)
- 아이디어 생성하기와 평가하기

그림 6.3 White & Ardnt의 글쓰기 과정(1991)

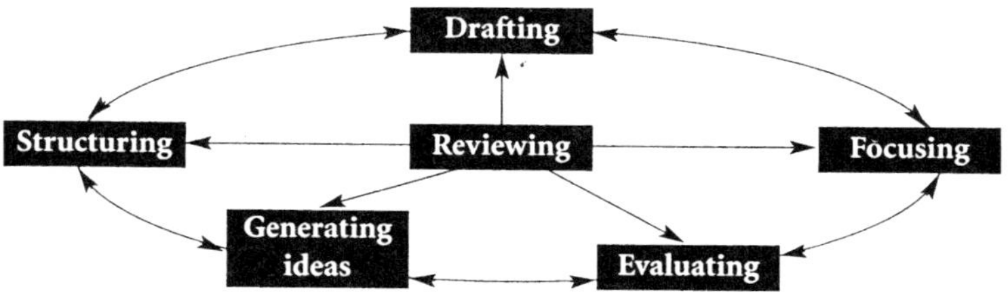

다시 말하면, 글쓰기에서는 확인할 수 있는 단계가 있기는 하지만 글쓴이는 텍스트가 완성되기 전에 이들 단계를 여러 번 거친다는 것이다. 따라서 전체 글쓰기 과정은 고정된 순서를 따르지 않으며 역동적이고 예측 불가능한 과정으로 Tribble(2003)은 연구자들이 제시하는 일반적인 글쓰기 단계를 이용하여 글쓰기 과정을 다음과 같이 나타내고 있다.

그림 6.4 Tribble의 글쓰기 과정

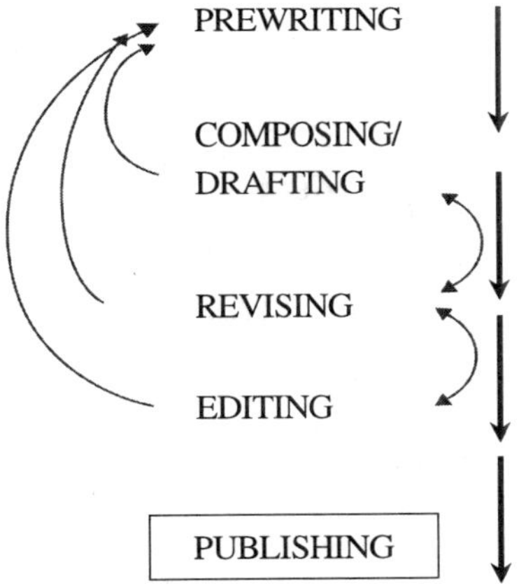

이러한 과정을 Raimes(1985, p.229) 다음과 같이 기술하고 있다.

> Contrary to what many textbooks advise, writers do not follow a near sequence of planning, organizing, writing and then revising. For while a writer's product--the finished essay, story or novel--is presented in lines, the process that produces it is not linear at all. Instead, it is recursive....

여기서 '반복적(recursive)'이라는 말은 텍스트를 준비하는 어느 시점이든 글쓴이는 텍스트 작문에 유용한 어떤 활동에라도 거슬러 또는 앞으로 나아갈 수 있다는 의미이다. 예를 들어 글쓴이는 애초에 계획단계에서는 없었는데 자료를 수집하기 위하여 도서관에 다시 가야할 필요가 있는 경우가 있다. 글쓴이는 글의 뒷부분을 쓰기 전에 앞부분의 글의 스타일을 수정하거나 또는 논의의 전개로 생긴 변화를 수용하기 위하여 계획의 일부를 과감히 수정해야 할 필요가 있을 수 있다.

과정 접근방식이 글쓴이에 초점을 두는 것은 교사와 학생들에게 많은 도움을 준다. 이러한 접근방식을 사용하는 교수와 학습 교재는 전형적으로 글쓰기 과업과 학습자의 필요를 조화시키려하고 매우 실제적인 방식으로 창의성을 권장한다. 그러한 패러다임에서 가르치는 교사는 학습자의 문화적 배경을 존중할 것이며 자신의 경험적 타당성을 거부하는 사고나 언어 행동을 부가하려고 하지 않을 것이다. 이러한 점들이 영어 쓰기 교육에 주는 긍정적인 기여이다.

6.4.2 과정 접근방식에 대한 비판

과정 중심 접근방식 쓰기 지도를 시도하고자 할 때 교사들이 직면하는 한 가지 문제점은 영어 글쓴이로서 학생들이 개발하여야 하는 것과 수업에서 사용하는 교재가 지향하는 목표 간에 균형을 유지하는 것이다. 예를 들어, 글쓴이의 개인적인 창의성에 초점을 두는 과정 중심 쓰기 지도는 여러 면에서 청취발화식 교수법이 내포하는 행동주의 모델이나 다른 여러 교재에서 채택하는 PPP(presentation-practice-production)모델과 대립한다. 청취발화식 교수법에 근거한 접근방식은 일차적으로 학습자의 구어발달을 돕고자 한 것으로 문형연습, 훈련, 그리고 특정 언어 형태의 교수를 강조한다. 많은 영어 교재가 이러한 식으로 이루어져 있고 따라서 학습자의 쓰기 과정에 초점을 두고자 하는 교사들에게는 교실 수업 적용상에 어려움이 될 수 있다.

교사들이 직면하는 또 다른 문제는 과정 중심 쓰기 지도가 모든 영어 교육 환경에 적용할 수 있는가에 대한 것이다. 과정접근 쓰기 지도에서는 다양한 쓰기 전략을 갖춘 그리고 필요할 때 이들 전략을 효과적으로 사용하여 글을 쓸 수 있는 자율성을 갖춘 학생들을 배출하는 것을 목표로 하고 있다. 즉, 학습자들은 스스로 자신의 창의적 글쓰기 과정을 안내할 수 있어야 한다. 이 접근방식은 일차적으로 글쓴이가 담화를 만들고 산출하는 과정을 중요시하기 때문에 글쓴이를 '문자 텍스트의 창작자'로서 초점을 두는 교육 환경에서 유용할 수 있다. 쓰기의 과정 접근방식에 대한 지지는 많은 부분 학문적 글쓰기에 대한 규범적 모델 접근방식으로부터 벗어나고자 하는 열망이서 왔고 실제로 미국 대학 교육에서는 그 유용성이 입증되었다.

그러나 영어를 외국어로 배우는 영어 글쓴이의 경우 영어 쓰기의 환경과 필요가 영어 모국어화자와는 사뭇 다를 수 있다. 쓰기를 배운다는 것은 세상을 다루는 다양한 방식을 배우는 것인데 제2언어나 외국어로 영어 글쓰기를 배우는 많은 성인 영어 학습자들은 이미 모국어로 글쓰기를 배우거나 효과적인 글쓰기에 대하여 어느 정도 훈련을 받고 외국어 교실에 온 경우이다. 이들에게 필요한 것은 새로운 낯선 독자들에게 '어떻게' 글을 써야 하는가에 대한 것이다. 다시 말하면 그들이 쓰고자 하는 '장르'에 대하여 알아야 하고 그에 대한 지식에 접근하는 것이다. 이러한 점에서 과정 중심 지도는 글쓰기의 사회적 본질 그리고 효과적인 문자 의사소통에서 언어와 텍스트 구조의 역할에 대한 명백한 제시를 하지 못하는 단점을 가진다.

6.5 장르 중심 지도

우리는 글쓴이에 초점을 두는 과정 중심 쓰기 지도에 대하여 살펴보았다. 그러한 쓰기 지도가 효과적으로 텍스트를 생성하게 학습자들을 지도함으로써 영어를 제2언어나 외국어로 배우는 학습자들의 필요를 어느 정도 충족시켜준다. 그러나 영어 학습자가 성공적으로 영어 글쓰기를 하려면 독자들이 텍스트에서 기대하는 것이 무엇인가에 대한 충분한 인식이 또한 필요하다. 다음 두 텍스트를 비교해 보자.

편지 A

Dear Sirs,

After waiting for two weeks for a reply about the letter of complain I send to you I thought it was necessary for me to write you again in order to let you know how disappointed I am.

My present accommodation is rather ramshackle and moreover I haven't got enough basic facilities, like a real shower with hot water or a toilet flush which is not all the time out of order.

I am expecting from you to something about it as soon as possible, because my conditions of living are rather rough.

I looking forward to hearing from you.

Yours faithfully

Dear Sir,

I am very unhappy with the accommodation you have arranged for me. I have already argued in person but in vain; here the bathroom is dirty and the shower doesn't work and more over a security system is inexistent.

I would like to have a more suitable accommodation.

I look forward to hearing from you.

Yours faithfully

(Tribble, 2003, pp.45-6)

일반적으로 편지 B보다는 A를 적절한 편지글로 선택할 것이다. 대부분의 독자들의 경우 그 이유를 설명하기는 쉽지 않을 것이다. 두 편지가 모두 편지글의 형식에 맞게 배열이 되어있고 시작과 끝맺는 표현이 적절하게 들어가 있다. 또한 두 편지에 모두 어휘, 철자, 문법적 오류가 있다. 편지 B보다 A에 더 많은 오류가 존재할 뿐이다. 그럼에도 불구하고 편지 A가 보다 나은 글로 보인다. 그 이유를 이해하고 그것이 쓰기 지도에 함축하는 바를 적용하는 것이 독자에 초점을 둔 장르 접근방식의 핵심이다.

6.5.1 의사소통 사건과 목적

독자에 초점을 두는 장르 접근방식은 텍스트의 목적과 그에 따른 텍스트의 형식과 내용적 제약을 강조한다. 먼저 장르라는 용어에 대한 정의를 살펴보자. Swales(1990)는 장르를 다음과 같이 정의한다.

> A genre comprises a class of communicative events, the members of which share set of communicative purposes. (p.58)

특정 목적을 위하여 언어를 사용하는 사회적으로 공인된 방식이 '장르'

이며 이러한 Swales의 정의는 그 용어에 대한 현대적 해석의 종합이다. 여러 가지 면에서 과정 접근방식과는 달리 언어의 사용 측면을 중요시하는 접근방식이다. 이러한 장르의 개념이 쓰기 지도의 실제에 어떠한 도움을 주는가에 대한 문제는 생각해 보아야 할 것이다.

먼저 Swales의 장르 정의를 구성하는 '의사소통 사건(communicative events)'과 '의사소통 목적(communicative purpose)' 두 핵심 용어를 살펴보자. 의사소통 사건은 '담화와 참가자'뿐만 아니라 역사적 문화적 연관을 포함하여 담화, 담화의 산출과 수용 환경(environment)까지를 포함한다. 즉, 어떤 일을 완수하기 위하여 합의된 방식으로 언어를 사용하는 사람들과 그 상황문맥인 것이다.

다음의 세 의사소통 사건에 대하여 생각해 보자. 이들 의사소통 사건을 만족스럽게 실행하기 위해서는 문자 텍스트가 필요하다. 영어 문화권에서는 각 텍스트의 필수적인 특질은 무엇이며 Swales가 언급한 역사적, 문화적 배경이 이들 텍스트가 쓰여지는 방식을 어떻게 결정하는가를 생각해 보자.

❶ 회사는 새 직원의 임명을 알리고자 한다.
❷ 회사는 소비자에게 제품에 문제가 있을 시 수선이나 교체를 보증하고자 한다.
❸ 담당교사에게 자녀의 결석을 알리고자 한다.

각각의 의사소통 사건은 뚜렷한 사회적 목적을 가진다. 의사소통 사건의 필요를 충족시키기 위하여 쓰여진 텍스트와 상호작용에 참가한 사람들이 모두 사건의 참가자들이다. '임명장'이 없다면 새 직원은 정말로 직장을 잡았는지 증명할 길이 없다. 영국의 회사의 경우, 임명장에는 임명되는 사람의 이름과 임명날짜를 명확하게 표시한다. 그리고 월급과 계약조건을 또한 쓸 것이다. 예를 들어 다음과 같은 'I am pleased to inform you...' 'this appointment will commence with effect from....' 표현들이 나타난다. 또한 일반적으로 회사의 상징이 그려진 공식적 용지와 고용주의 서명이 들어가 있을 것이다.

대조적으로, 두 번째 사건의 경우 법률 전문가, 회사, 그리고 지칭되지 않은 구매자가 관련되며, 임명장과는 다른 특징의 텍스트가 요구된다. 법적 효력을 지닌 문서로서, 전문적인 자격과 지위를 가진 사람에 의해서 작성되어야 한다. 더욱이, 다른 서류에서는 기대할 수 없는 특정 전문용어와 표현이 있을 것이다. 나라에 따라서는 신뢰성을 증명하기 위하여 서명위에 회사인감이 필요할 수도 있을 것이다.

부모가 선생님에게 편지를 보내는 세 번째 의사소통 사건은 다른 경우보다 덜 형식적이지만 사회집단에 따라 특정 텍스트의 유형을 가진다. 예를 들어, 다른 언어권의 사회집단에 막 도착한 사람의 경우 새로운 사회에서 통용되는 편지글의 형식을 알지 못한다면 그러한 편지를 쓰는데 어려움을 가질 수 있다. 단순해 보이는 이러한 텍스트도 글쓴이에게 요구하는 것이 있다. 즉, 독자는 제공되어질 특정 정보의 범주를 기대할 것이고 글쓴이는 선생님, 학생, 학교당국, 그리고 부모사이의 복잡한 관계를 유지하는 책임을 져야 할 것이다.

다음의 두 텍스트를 비교하여 각각 어떤 의사소통 목적을 가지는지 살펴보자.

텍스트 A

Birds live up in a tree. If they don't eat they die.
Redbirds blackbirds any colored birds. Dark birds light birds.
Some are small and others are big.

텍스트 B

My bird lived up in a tree. It ate so it wouldn't die.
It was a black bird and it was small.

(Martin, 1989, p.7)

텍스트 A는 보고서(report) 장르이다. 글쓴이는 사건보다는 사물에, 특정 서술이 아닌 일반적인 서술에 초점을 둔다. 보고서의 중요한 특징은 글쓴이의 사회적 정체성이나 사회적 시각의 진실성에 대한 제기 없이 토론을 통하여 전개된다는 것이다. 텍스트 B는 묘사문(description)이다. 이 장르의 경우 글쓴이는 일반화보다는 자신의 특별한 경험에 초점을 두며 독자에게 가능하지 않은 글쓴이만의 세계관에 접근할 수 있게 한다.

영어 학습자에게 자신의 세계와 자신의 경험을 이야기할 수 있는 기회를 주는 것은 분명 중요하다. 그러나 학생들에게 이 표현 방식에만 제한시키는 것은 도움이 되지 않을 것이다. 학교에서는 여러 가지 종류의 글을 쓰는 것을 가르칠 필요가 있다. 묘사문과 보고서 글의 형식상의 차이를 이해함으로써 학생들은 각 장르로 일관성 있게 글을 쓰는 것을 배울 수 있다. 만약 그러한 지도가 이루어지지 않는다면, 학생들은 한 가지 글의 형식에 갇히게 될 위험을 가진다.

의사소통 목적에 따라서 Martin(1989)은 학생들이 꼭 배워야 하는 핵심 장르를 다음과 같이 구분한다: 보고문(사실에 대한 비인칭적 제시), 묘사(상상의 또는 사실적 사건과 현상에 대한 인칭적 기술), 이야기(글쓴이 자신의 경험에 대한 이야기), 절차(글쓴이 자신의 주위에서 일어나는 과정에 대한 객관적인 설명), 그리고 설명문(사건이나 판단에 대한 이유를 제시). 다음은 Cook(1989, p.95)이 제시한 장르 목록의 일부이다.

sales letter	advertisement	label	poem	memo
inventory	ticket	manual	song	article
warrant	prescription	editorial	will	novel
menu	biography	argument	sign	film review
notice	manifesto	consultation	telegram	seminar

문자 언어의 사용에서 어휘와 문법의 선택은 사회적으로 동의된 텍스트의 목적에 따라서 달라진다는 것을 알 수 있다. 사회적 요구에 따라서 다른 장르가 산출된다는 것은 우리에게 외국어교육에서 장르에 대한 명시적 지도의 가치를 보여준다.

6.5.2 장르의 변화

다음의 두 발췌문을 통하여 장르의 변화에 대하여 알아보도록 하자.

발췌문 A

consult /kənsʌlt/ **consults, consulting, consulted** ◆◆◆◇◇

1 If you **consult** an expert or someone senior to you or **consult** with them, you ask them for their opinion and advice about what you should do or their permission to do something. *Consult your doctor about how much exercise you should attempt... He needed to consult with an attorney... If you are in any doubt, consult a financial adviser.* VERB; V n prep wh/wh-to-inf; V *with* n; V n

2 If a person or group of people **consults** with other people or **consults** them, they talk and exchange ideas and opinions about what they might decide to do. *After consulting with her daughter and manager she decided to take on the part, on her terms... The two countries will have to consult their allies... The umpires consulted quickly.* V-RECIP; V *with* n; V n; pl-n V

3 If you **consult** a book or a map, you look in it or look at it in order to find some information. *Consult the chart on page 44 for the correct cooking times... He had to consult a pocket dictionary.* VERB; V n

(Collins COBUILD English Dictionary)

발췌문 B

con·sult /kən`sʌlt/ *vt, vi* **1** [VP6A, 14] go to a person, a book, etc for information, advice, opinion, etc: *to ~ one's lawyer/a map/the dictionary; a ~ing engineer*, one with special knowledge of one or more branches of engineering. **2** [VP6A] (formal; *consider* is now preferred) take into consideration or account: *We must ~ his convenience*, cause him as little inconvenience as possible. **3** [VP3A] ~ ***with***, take counsel: *~ with one's fellow workers.*

(Oxford Advanced Learners' Dictionary)

이들 예는 '사전' 장르로부터 발취한 것이다. 사전은 합의된 특정 목적을 가지며(한 언어의 단어들이 알파벳순서로 나열되어 의미가 쓰여져 있거나 다른 언어로 번역이 되어있다), 일반적으로 사전에서만 사용되는 축약, 기호, 특정 글자체와 같은 관례를 통하여 다른 장르의 서술과는 상당히 다른 문체적 전통을 가진다. 이러한 관례는 소수의 전문가집단, 즉 사전편찬자들의 집단에 의해서 결정된다.

사전은 합의된 의사소통 목적을 가지며, 일반 독자/글쓴이에 의해서 그것이 바로 확인될 수 있으며, 사전편찬자들은 사전의 특징을 인식한다. 그런데 '어떻게 사전을 만드는 사회적 활동 안에 그리고 장르 그 자체에 변화가 생기는가?' 위의 발췌문 A, B는 이 문제에 대한 대답을 제공한다.

몇 가지 점에서 COBUILD 예는 Oxford Advanced Learners' Dictionary에서 보이는 사전 장르의 해석에 도전한다. 이들 예의 차이점은 무엇인지 그리고 장르의 재해석이 왜 시도되는가를 생각해 보자.

두 예는 사전의 특정 하위 장르로 원어민 화자들을 위한 일반적인 사전에서는 찾아볼 수 없는 문법적 설명, 발음에 대한 정보들을 포함하는 학습자용 사전이다. 이들 사전 둘 다는 모담화집단(parent discourse community)의 전문구성원에 의해서 쓰여진 것이지만 둘 간에는 뚜렷한 차이가 있다. 차이는 사전편찬자(사전 글쓴이)와 독자(사전 사용자)간의 관계를 재정의하려는 것에 기인한다. COBUILD 사전은 일상적인 매일의 영어에 기초해서 편집된 것이다. 즉, COBUILD 사전은 '일상 언어' 정의와 독자들이 비형식적으로 쉽게 접근할 수 있게 구성된 방식으로 높은 평가를 받고 있다. 이것이 바로 보다 일상적인 스타일의 COBUILD 사전과 보다 전통적인 스타일의 Oxford Advanced Learners' Dictionary의 차이를 설명한다.

위의 사전 장르의 예는 하나의 장르가 텍스트 구성의 엄격한 규칙을 갖지는 않는다는 것을 보여준다. 장르를 가능하게 하는 것은 단지 텍스트가 아니라 사회적 실제이며 사회적 실제는 도전과 변화에 열려있다. '학습자 사전' 장르의 경우, 그 사회집단의 전문 구성원들은 전통을 재해석하고 기본적 전제와 실제에 도전한다. 그 결과 장르 자체에 변화가 생기는 것이다. 그러한 장르의 변화는 항상 일어나며 장르 접근방식 쓰기 지도가 규범적이어서는 안 되는 이유이다. 장르의 개념은 역동적이지 정적이지 않으며 교사와 학생은 이러한 실제를 가능하게 하는 사회적 실제와 텍스트의 유동성에 대한 인식이 필요하다. 이러한 인식이 형태에 초점을 두는 학습/교수와는 다른 스타일의 쓰기 지도를 가능하게 할 수 있다.

6.5.3 독자의 기대와 스카마 구조

우리는 앞에서 의사소통 사건의 사회적 목적이 글쓴이의 텍스트에 어떠한 영향을 미치는가를 보았다. 장르 개념을 이용하여 '불만 편지(letter of complaint)'의 문제를 분석함으로써 편지 A가 편지 B보다 보다 어떻게 적절하게 서술되었는가를 보자.

편지 A

After waiting for two weeks for a reply about the letter of complain I send to you. I thought it was necessary for me to write you again in order to let you know how disappointed I am.

편지 B

I am very unhappy with the accommodation you have arranged for me. I have already argued in person but in vain; here the bathroom is dirty and the shower doesn't work and more over a security system is inexistent.

편지 A는 독자와의 관계를 설정하려는 시도로 글을 시작하고 있다. 글쓴이는 편지를 쓰는 이유와 불만의 이유를 설명하는 것이 필요하다고 인식하고 있다. 독자와의 관계형성을 시도한 후에 세부내용이 나오고 있다. 반면에 편지 B는 바로 불만의 상세한 내용으로 들어가며 독자와의 관계를 설정하려는 시도가 이루어지지 않고 있다. 비록 글쓴이가 어떤 조처가 취하여지는 것을 원하고 있지만 편지는 독자로부터의 아주 작은 양보도 이끌어 내는데 실패하고 있다. 영어로 이루어진 대부분의 불만 편지는 이런 종류의 양보가 있기를 기대한다. 비록 불만 편지가 아주 전문적인 장르는 아닐 지라도 글쓴이가 불만편지의 이러한 일련의 제약을 인식하고 그러한 제약에 일치하는 작문은 여러 잇점이 주어진다. 즉, 글쓴이가 언어 체계에 대한 완전한 통제를 하지 못할 지라도, 불만의 대상이 되는 사람과의 적절한 관계를 형성하려는 의지를 보인다면 그 편지는 성공할 가능성이 보다 많을 것이다. 이것은 표현의 정확성만을 강조하는 형태에 초점을 둔 지도는 주어진 상황에서 효과적으로 의사소통을 할 수 있는 충분한 지식을 학습자에게 제공할 수 없다는 것을 보여준다.

독자의 기대는 '스키마(schema/schemata 'schema'의 복수형)'와 관련된다. Swales(1990)의 설명에 의하면 세상경험은 문자로 의미협상을 할 때 참고하는 배경지식(schema/schemata)을 형성한다. 형식 스키마(formal schema)는 글쓴이가 특정 사회적 목적에 맞게 적절하게 서술되고 구성된 텍스트를 산출하도록 돕는다. 형식 스키마, 절차 스키마, 내용 스키마

(content schema)의 결합을 가지고 우리는 특정 장르의 예를 확인할 수 있고 그 원형성(prototypicality)의 정도(어떤 텍스트가 어떤 장르의 전형으로 보이는 정도)를 평가할 수 있다. 아래의 도표는 사전지식과 세상경험, 그리고 텍스트(문어 또는 구어)에 대한 경험이 결합하여 특정 장르 안에서 허용될 수 있는 텍스트의 내용과 형식을 결정하는 일련의 스키마타를 어떻게 산출하는가를 보여준다.

그림 6.5 스키마타의 형성 과정(Swales, 1990, p.84)

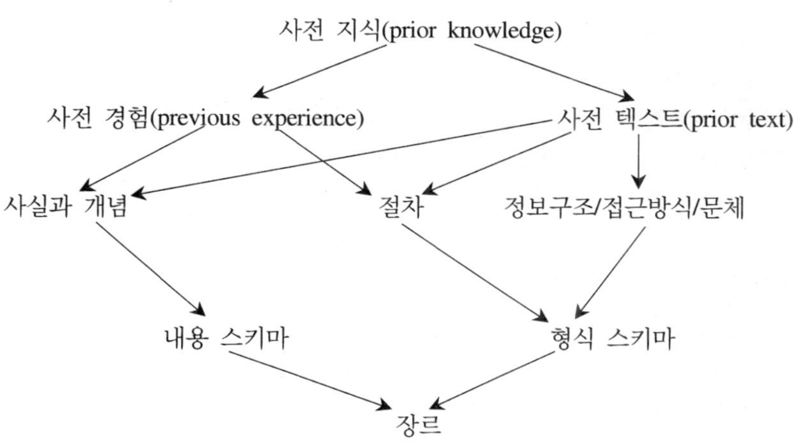

6.5.4 과정과 장르

어떤 글을 다른 글 보다 수용적이게 하는 것은 무엇인가? 아마도 장르의 개념은 우리에게 이 질문에 대한 답을 제공해 줄 수 있을 것이다.

과정 접근방식의 쓰기 지도는 여러 가지 긍정적인 면이 있지만 미지의 독자에게, 특히나 특정 영어 글에 대한 일정 수준의 기대를 가진 독자를 대상으로, 영어 글을 써야 하는 학습자의 현실적 필요를 충족시켜

주지는 못한다. 이러한 점에서 글을 통하여 자신의 정체성을 표현하고 그리고 넓은 범위의 기능적 텍스트를 쓸 수 있는 능력을 갖춘 학습자를 배출하는 장르 접근방식의 쓰기 지도가 과정 접근방식의 지도에 상호보완적 역할을 할 수 있다.

Flowerdew(1993)는 특정 장르에 대한 이해부족으로 어려움을 갖는 학습자들을 위하여 다음과 같은 활동을 제시한다.

❶ 장르 분석의 결과를 이용하여 설명을 제시한다.
❷ 장르의 예를 제시해 준다.
❸ 학습자들이 스스로 장르 분석을 한다.
❹ 코퍼스를 이용한 컨코던싱(concordancing)
❺ 주어진 장르의 샘플을 토대로 번역하기

위의 먼저 세 활동을 통하여 학습자는 그 텍스트가 만들어지는 사회적 맥락과 그 장르에서 그 텍스트의 역할, 그 장르의 언어적 특질에 대하여 알게 됨으로써 보다 나은 글을 산출하게 될 수 있다.

4, 5 활동은 적절한 크기의 텍스트 샘플의 이용가능성에 달려있다. 이상적으로는 컴퓨터 데이타 코퍼스이지만 자료의 크기보다는 교사와 학생이 분석으로 사용할 수 있는 가능한 많은 실제 자료에 접근하는 것이다(코퍼스에 대하여는 10장을 참고하기 바람). 텍스트는 학생들이 관심을 가지고 논의와 분석의 모델로 이용할 수 있는 특정 장르를 대표하는 것이어야 한다. 여기서 주의해야 할 것은 다른 사람의 글이나 말을 살펴봄으로써 그 장르의 특징에 대하여 인식하고 그것을 기초로 자신의 글을 보다 특정 장르의 형식과 내용에 맞게 산출하는 것이지 모델 작문을 무비판적으로 모방하지 말아야 할 것이다. 글을 쓰는 과정에서 다른 사

람의 글을 채택하고 각색을 하는 과정은 존재하지만 이러한 과정에 대한 교육적 탐구가 보다 필요하다는 것을 Flowerdew는 강조한다.

Flowerdew가 제안한 위의 활동이 순환적인 글쓰기 과정에 더해지면 쓰기 지도의 가장 실제적인 접근이 될 수 있다. 위의 활동들을 통하여 교사는 학생의 관심을 장르의 상황적 그리고 텍스트적 특징으로 이끌 수 있으며 또한 텍스트와 상황맥락의 여러 면들에 대한 학생 스스로의 결론을 이끌어 내도록 할 수 있다.

컨고던스는 최근에 관심을 얻고 있는 방법이다. 일반적으로 사전편찬 과정에서 이루어지는 컴퓨터분석의 한 방법인데 최근 정보통신기술의 발달로 언어 교실과 교사에게 이용되고 있다. 이런 종류의 자료는 컴퓨터로 쉽게 얻을 수 있지만 첨단기술이 갖추어지지 않은 교실에서도 교사와 학생이 비슷한 방법을 이용할 수 있다. 예를 들어, 교사가 학생들에게 특정 문법 형태나 어휘의 사용 예를 한 주 동안 수집하여 오도록 하는 것이다. 6-7개의 단어의 상황문맥을 가진 각 예를 모아서 교실에서 함께 이야기하고 살펴보는 것은 최첨단 기술을 가지고 얻는 정보만큼 학생들에게 가치가 있을 것이다.

목표어를 모국어로 그리고 모국어를 목표어로 번역하는 활동은 두 언어 문화 간에 번역하기에 적절한 자료가 있느냐가 중요하다. 담화 집단에 따라 특정 장르의 실제에 많은 차이가 있을 수 있기 때문에 이에 대한 인식이 필요하다. 한 언어 문화권에서는 적절한 텍스트가 다른 언어로 번역을 하는 경우에는 어려움이 있을 수 있다.

학습자가 장르에 대하여 익숙해지는 것이 중요하다면 우리가 앞에서 제시한 과정 중심 쓰기 모델을 확장하여 내용, 문맥, 과정, 그리고 언어 지식이 실제 교실 수업절차에 실현되도록 다음과 같이 수정할 수 있다.

그림 6.6 과정과 장르를 통합한 쓰기 과정 모형(Tribble, 2003, p.60)

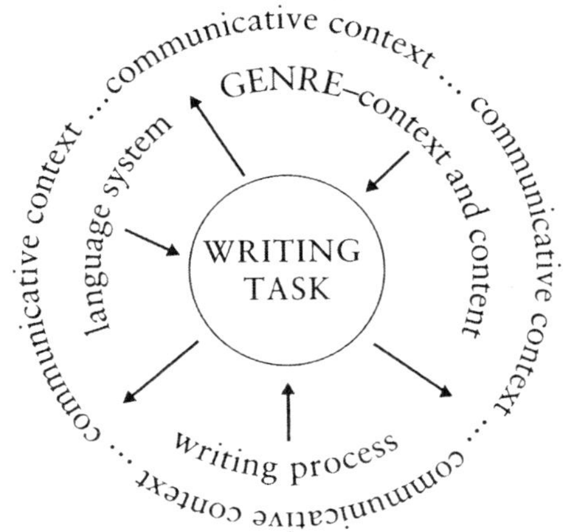

위의 그림은 쓰기 과정과 장르적 접근방식이 어떻게 타협할 수 있는가를 잘 보여준다. 학습자의 세상지식에 전적으로 의존하는 쓰기-전 활동을 하기 보다는 목표로 하는 장르에 대한 학습자의 이해를 높일 수 있는 다양한 활동이 계획될 수 있다. 교사가 미리 '불만 편지'의 장르에 대하여, 즉, 그 장르의 상황맥락적 그리고 텍스트적 특질을 조사를 할 수 있다. 그러한 과정에서 교사는 실제 자료를 선택하여 학습자가 공부할 수 있고 동시에 그 장르에 대한 자신의 지식을 확장하는데 이용할 수 있다. 학습자는 언어 인식 고양 활동을 통하여 작문을 시작하기 전에 그 장르에 대하여 공부를 시작할 수 있다. 다른 방법으로는 과정 중심 쓰기 지도를 하면서 필요하다고 느낄 때 장르 분석을 이용할 수 있다. 이러한 방법으로 장르와 과정 접근방식은 학습자와 교사에게 작문을 위한 자원이 될 수 있다.

최근에 과정 중심 접근방식과 장르 접근방식 사이의 논쟁에 대한 논평에서 Bamforth(1993, p.97)은 다음과 같이 말하고 있다.

> Unfortunately, the genre/process debate has been typified by false dichotomies and ideological preoccupations. Ultimately, the central issues of freedom and control are not alternatives between which a choice has to be made. They are really interdependent, and effective writing pedagogy will call upon both approaches.

이러한 점에서 두 접근방식의 장점을 취하여 쓰기 지도와 관련된 문제점에 대한 효과적인 해결책의 찾을 수 있을 것이다. 그러한 패러다임에서 교사는 자신의 경험 범주를 넘어서 학습자에게는 통찰력을 제공할 수 있고 학습자는 다양한 장르에 대한 지식을 구하기 위하여 전적으로 교사 의존적이 되지 않을 것이다. 지면 또는 전자 코퍼스자료에 접근함으로써 텍스트가 장르 안에서 어떻게 작용하는가를 봄으로써 학생들은 자신의 상상의 자원을 넓히고 어떻게 작문을 할 것인가에 대한 인식뿐만 아니라 무엇을 쓸 것인가에 대한 인식을 갖게 된다. 이러한 방식으로 학생들에게 자신의 아이디어를 자신만의 목소리로 표현하도록 지도할 수 있으며 또한 사회적으로 적절한 텍스트를 만들어 내도록 지도할 수 있는 것이다.

7. 쓰기 과업의 실제

과업은 쓰기 지도의 가장 기본을 구성하는 것이다. 적절한 과업의 실시를 통하여 영어 학습자들은 영어 쓰기에 대한 실제적인 경험을 할 수 있으며 텍스트에 대한 이해와 영어 쓰기 능력을 기를 수 있는 것이다. 텍스트가 영어 쓰기 지도의 재료의 핵심이라면 이 재료를 이용하여 학습자가 해야 하는 과업은 쓰기 지도의 핵심인 것이다.

영어 교육에서 '과업(task)'은 '의미를 주요 초점으로 영어를 사용하여 완성하는 활동'을 가리킨다. 쓰기 학습은 언어의 개별적인 항목들을 학습함으로써가 아니라 쓰기 활동에 참여함으로써 이루어진다는 점에서 쓰기 지도에서 과업은 중요한 의미가 있는 것이다. 교사는 적절한 과업을 제시함으로써 학습자에게 쓰기를 장려하고 언어가 의사소통 목적으로 어떻게 사용되는가에 대한 이해를 하도록 이끌 수 있는 것이다.

따라서 이 장에서는 쓰기 과업의 유형과 그 구성요소들, 쓰기 지도에서 문법의 역할, 쓰기 기술의 중요성, 학습자의 쓰기 능력 계발을 위한 과업의 단계화에 대하여 살펴볼 것이다.

7.1 쓰기 과업의 유형과 구성요소

과업은 먼저 실제 과업(real-world tasks)과 교수 과업(pedagogic tasks)으로 나누어진다. 실제 과업은 학습자가 목표로 하는 의사소통 목적에 직접적으로 기초한 과업이며 교수 과업은 학습자의 장르 지식과 작문 기술을 계발하기 위하여 고안된 과업이다. 먼저 학습자가 필요로 하는 목표 과업의 목록을 준비하고 이 실제 과업을 토대로 학습자의 현재의 능력과 목표 능력을 이어 주는 교수 과업을 고안할 수 있다.

교수 과업은 일반적으로 구두점 사용, 쓰기-전(pre-writing) 능력, 수사적 형식에 대한 이해 향상 등에 대한 개별적 기술을 증진시키는 것이 목표이다. 교수 과업은 실제 과업을 달성하는데 필요한 능력을 쌓기 위하여 학습자가 꼭 알아야 하는 것을 토대로 선택되어 최종적인 학습자의 의사소통 목표를 고려하여 과업이 고안되어져야 한다. 다음은 일반적으로 사용되는 쓰기 과업의 예이다. 과업은 난이도를 기준으로 순서화하였다.

표 7.1 난이도에 따른 과업 유형

과업 유형	언어	내용	과정	기능	장르
구두점 연습하기	V				
베껴쓰기(imitative writing)	V				
받아쓰기(철자, 단어, 문장)	V				
그림을 보고 단어나 문장으로 나타내기	V				
나열된 어휘를 뜻이 통하도록 배열하기	V				
받아적기식 작문(Dicto-comp)	V	V			
지정된 형태로 문장을 변화시키기	V				
단문과 복문의 연습	V				
주어진 글을 읽고 질문에 답하기	V	V			
어구나 어휘를 선택하여 빈칸 채우기	V				

과업 유형	언어	내용	과정	기능	장르
글쓰기를 위한 단어 목록 만들기	V	V	V		
아이디어생성을 위하여 브레인스토밍하기		V	V		
쓰기-전 활동으로 마인드맵 만들기		V	V		
작문의 목적과 사용을 확인하기					V
지그소오 문장들을 재구성하기	V				V
빈칸이 있는 문단을 완성하기	V				
미완성된 작문을 완성하기	V				V
글의 시제나 인칭을 바꾸어 다시쓰기	V				
글의 내용을 요약하기		V			
글의 주제문, 도입 등을 확인하기				V	
글의 유형과 특질을 알아보기 위하여 실제 텍스트를 분석하기					V
글의 목적, 구조, 독자관점 확인하기					V
모델 작문을 모방하여 글을 쓰기	V				V
그림, 도표 등을 이용하여 글을 쓰기	V				V
정보차/의견차 활동을 하여 글을 쓰기	V	V			
쓰기-전 활동을 토대로 초고작성하기		V	V		
대화일지(dialogue journal)를 작성하기		V	V		
특정 수사유형(이야기, 묘사, 주장, 과정)을 연습하기				V	V
다양한 글의 유형을 연습하기(편지, 광고문, 보고서, 비평)					V
다른 목적으로 글을 다시쓰기(장르 변환)					V
논평을 토대로 초고 수정하기	V	V	V	V	V
문법과 수사적 구조를 중심으로 검토하고 편집하기	V		V	V	V
다른 사람의 글을 읽고 평하기(ideas/language)	V	V	V	V	V
특정 독자와 목적을 가지고 작문하기	V	V	V	V	V
직장/전공학과 보고서 쓰기	V	V	V	V	V

위의 표 7.1은 쓰기 과업이 추구하는 초점, 학생들에게 요구하는 것, 학생들에게 제공해 주는 도움, 실제 목표 과업과의 거리감 등에 있어서 다양할 수 있다는 것을 보여준다. 그럼에도 불구하고 쓰기 과업을 계획하고 평가할 때 기준이 되는 기본적인 특질이 있다. Nunan(1989)은 과업의 5가지 핵심 구성요소를 제시하고 있다.

> 입력: 학생들이 공부할 재료로 텍스트, 대화, 그래픽, 노래가사 등
> 목표: 과업의 학습 목표, 전체목표와 관련하여 본 활동의 목적
> 세팅: 과업을 위한 교실 환경
> 역할: 과업실행에서 교사와 학습자의 역할, 상호관계성
> 활동: 학습자가 입력을 가지고 과업을 완수하기 위하여 하는 것

예를 들어, 다음과 같은 구성요소의 쓰기 과업이 있을 수 있다.

> 입력(input): 짧은 자기소개의 글
> 목표(goal): 개인정보를 수집하고 자기소개 글을 쓰기
> 세팅(setting): 전체학급/ 짝 /개별적 활동
> 역할(roles): 학생: 대화 상대, 개별적 글쓴이
> 교사: 통제자, 모니터, 촉진자
> 활동(activity): 1. 제시된 자서전 글을 읽고 논의하기
> 2. 인터뷰 질문항목 만들기
> 3. 상대방과 함께 가족, 나라, 학교 등에 대하여 질문하고 대답하기
> 4. 각자 한 쪽 분량의 자기소개 글쓰기

과업의 입력은 학생들이 과업을 완수하기 위하여 다루어야 하는 텍스트,

시각적, 구두(oral), 전자적 또는 멀티미디어 자료이다. 따라서 입력은 다양한 원천으로부터 파생되어 나올 수 있다. 과업의 목표는 과업의 기저에 있는 과제의 전반적인 의도로 한 단원, 더 나아가 교수요목(syllabus)의 목표와 연결되어있다. 과업의 목표가 반드시 명시적으로 기술되어 있지 않더라도 교사는 항상 그 과업이 학생의 실제 상황을 효과적으로 준비하는데 어떤 관계가 있는가를 생각해야 한다. 과업의 목표가 교실활동과 실제 목표상황을 연결해 주어야 한다.

학습이 어디서 어떻게 일어나는가와 관련된 세팅은 과업의 디자인에 중요한 요소이다. 학습이 발생하는 실제 장소, 즉, 교실인지, 도서관, 멀티미어랩실, 가정에서인지 고려해야 한다. 교실 안과 교실 밖의 다양한 환경에서 균형 잡힌 쓰기 활동을 하는 것은 학생들에게 다양한 쓰기 기회를 제공하는 것뿐만 아니라 반복으로 인한 지루함을 피할 수 있다. 예를 들어, 지역사회의 박물관, 극장 등과 같은 관련 장소를 방문하면서 자료를 수집하거나 영어권 지역사회의 담화를 직접 이용하도록 함으로써 영어 글쓰기를 위한 자료수집의 방법을 다양화할 수 있을 것이다.

물리적 쓰기 장소이외에 교실의 사회적 환경도 과업의 디자인에 중요하다. 학생들이 과업에 어떻게 다른 학생들과 참여하는지, 즉, 개별적으로, 소집단으로, 짝지어서 또는 전체 학급으로 하는지, 교실 안에서 하는 것인지 교실 밖에서 하는 것인지에 대한 것이다. 개별적으로 쓰기 활동을 하는 경우 학습자 스스로의 결정 능력과 사고기술을 계발하면서 학습자 자신의 속도에 맞추어서 쓰기 연습을 하는 기회를 가질 수 있는 장점이 있다. 다른 한편, 다른 친구들과 함께 협력하여 쓰기를 하는 활동의 경우 친구들과 협상(negotiation)을 하고 협력하여 글을 쓰는 기술의 실제적인 연습을 할 수 있는 장점이 있다. 짝 활동과 모둠활동을 통하여 서로의 생각을 나누게 되고 그 결과 쓰기 과업에 다양한 관점과 독자를 고려할 수 있다. 또한 교사의 직접적인 관여 대신에 학생들 스스로 협력하여 결정을 함으로써 학습자 자율성(learner autonomy)의 발달에 도움이 될 수 있다. 그러나 모든 학생들이 모둠활동을 선호하거나 또는 개별 학습을 선호하는 것은 아니고 학습자마다의 고유의 선호하는 학습 스타일이 존재한다. 따라서 교사는 상호작용 유형을 다양화함으로써 다양한 학습자 스타일을 지도에 포함시키려고 노력해야 할 것이다.

교사와 학생의 역할은 세팅과 아주 밀접하게 관계된다. 전통적인 교사-중심의 교수법과는 달리 최근의 쓰기 지도는 학생과 교사 모두에게 보다 많은 역할과 책임감을 갖게 한다. 더 이상 학생은 교사가 제공하는 자극에 대한 수동적인 수용자가 아니다. 오늘날 학생은 친구들과 상호작용을 함으로써 자신의 학습에 보다 능동적인 역할을 해야 한다. 많은 쓰기 과업이 학생들로 하여금 쓰기를 위한 자료를 모으고 어떻게 과제를 수행할 것인가에 대하여 교사 그리고 다른 학생들과 협상을 하고 과업의 의미를 해석함으로써 산출하는 언어에 대한 통제권을 취하도록 한다. 학생들이 보다 큰 책임감을 가진다는 것은 교사는 덜 통제적이고 보다 학습의 촉진자로서의 역할을 수행한다는 의미이다. 교사가 교실 학습을 돕기 위하여 수행할 수 있는 주요 역할로는 통제자(controller), 평가자(assessor), 조직자(organizer), 격려자(prompter), 참고인(reference), 참여자(participant), 교수자(tutor), 관찰자(observer) 등이다. 교사는 과업의 유형에 따라서 언어 항목에 대하여 지도를 할 수도 있고, 텍스트에 대한 모둠토론을 조직할 수 있으며, 짝 활동을 모니터하고, 최종 쓰기 결과물의 문법적 정확성에 대하여 평가할 수도 있을 것이다. 역할의 다양화를 통하여 학습을 촉진시키며 학습자들의 다양한 학습 스타일을 충족시킬 수 있다.

과업의 입력이 실제로 어떻게 사용될 것인가를 규정하는 것은 활동이다. 활동은 목표로 하는 지식의 유형이나 기술에 따라서 기계적인 활동(mechanics), 언어(language), 작문(composing)의 세 가지 범주로 나누어 질 수 있다. 기계적 활동은 손으로 쓰기, 구두점, 문단나누기에 초점을 두는 문자소 기술(graphological skills)을 계발하는 것이다. 언어(language scaffold) 과업은 특정 쓰기 유형을 이해하고 참여하는데 필요한 언어적 그리고 수사적 기술을 익히고 발달시키는 것이다. 작문은 실제 글쓰기 기술을 발달시키고 연습시키는 활동이다.

학습자의 언어 수준, 학습 경험, 쓰기 필요성이 과업의 종류를 결정하지만 활동을 계획할 때는 교재나 교사가 제공하는 도움의 정도를 고려하는 것이 중요하다. 다음은 가장 교사-의존적인 과업에서 가장 교사-독립적인 과업을 순서화한 것이다.

그림 7.1 독립성의 정도와 과업의 유형(Hyland, 2003, p.120)

가장 의존적인 경우

↑

문자소 과업	기본적인 쓰기 기술(손으로 쓰기, 자판을 이용하여 쓰기, 철자, 구두점, 레이아웃)
언어 과업	언어 익히기(비교, 빈칸 채우기, 언어 구조 확인) 모델 작문 분석과 조작(재-배열, 변형시키기, 결합하기) 모델 작문에 기초한 통제 작문(작문 완성하기, 평행 작문) 유도 작문(그림, 표, 핵심단어 제시)
작문 과업	작문 기술(계획하기, 쓰기-전, 초고작성, 편집기법) 확장 쓰기(특정독자를 대상으로 글쓰기-실제 또는 상상)

↓

가장 독립적인 경우

7.2 문자소 과업

문자소 과업은 쓰기의 기계적인 측면(mechanics)과 관련된다. 일반적으로 초보 영어 글쓴이에게 가장 도움을 줄 수 있는 과업으로 손으로 쓰기, 철자법, 구두점(punctuation) 사용을 중심으로 이루어진다. 영어 대소문자 쓰기 연습은 로마자에 익숙하지 않은 모국어화자들에게는 아주 필수적인 과업으로 개별문자 쓰기에서 단어쓰기, 그리고 왼쪽에서 오른쪽으로 써나가기로부터 시작할 수 있다. 또한 대소문자 사용, 구두점, 그리고 문단나누기, 철자를 익히는 활동 등이다(부록 7-1 참조). 초보 영어 글쓴이 뿐만 아니라 그 이상의 학생들도 쉼표, 콜론, 세미콜론, 문단 들여쓰기, 소유격's 사용 등에 대한 적절한 사용에 대하여 배우는 것이 필요하다.

다음은 중급수준 학습자에게 가능한 이러한 과업의 전형적인 예이다.

그림 7.2 구두점 연습활동

- Rewrite and add the necessary punctuation.(You need to add 31 periods.)

Audubon Park

On Saturday afternoons, my brother and I like to go to Audubon Park It is not for from our home It is near Tulane University It is between St Charles Avenue and Magazine Street

Audubon Park is large and beautiful There are huge trees in the park Some are oak and some are magnolia. The trees are tall and give a lot of shade There is also a lot of thick green grass Near the St Charles entrance, there are roses

It is a sunny day and there are many people in the park today Some of the people are sitting on benches and talking to their friends There are all kinds of people in the park Some look rich and some look poor....

(Blanton, 2001, p.43)

- Working in groups of two or three, compare the following pairs of sentences, and decide whether (a) or (b) is correct. In some cases both are possible, but with different meanings. What is the difference in meaning in these cases? Then compare your answers with those of other groups.

1. (a) Everest which is the highest mountain in the world was not climbed until 1953.
   (b) Everest, which is the highest mountain in the world was not climbed until 1953.
2. (a) The girls who worked hard were given a bonus.
   (b) The girls, who worked hard, were given a bonus.

(Coe, Rycroft, & Ernest, 1992, p.26)

7.3 언어 과업

쓰기 과업을 다자인할 때 중요한 문제는 언어적 형태를 얼마나 그리고 어느 시점에서 다루도록 할 것인가이다. 일반적으로 EFL 환경에서의 영어 쓰기 지도를 하고 있는 대부분의 교사는 학습자의 영어 수준이 효과적인 글을 쓰려는 학습자에게 얼마나 좌절감을 주는가를 쉽게 관찰할 수 있다.

귀납적이고 학습자 발견-중심적 접근방식은 고급수준의 학습자에게는 적절할 수 있지만 영어의 수준이 아직 고급수준에 이르지 못한 학습자에게는 도움이 되지 못할 수 있다. 영어 학습자의 경우 특정 장르에 대한 문화적인 이해가 부족할 뿐만 아니라 특정 장르에 전형적인 수사적 유형이나 언어적 특질에 대한 지식을 소유하고 있다고 전제하기는 어렵기 때문이다. 따라서 편집단계까지 명시적인 언어 구조에 대한 설명을 미루고 학습자에게 아이디어를 형성하는 것에만 집중하도록 하는 것은 학습자가 특정 언어 사용영역에서 언어가 어떻게 유형화되는가에 대한 이해를 형성하는데 도움을 주지 못하는 단점이 있다. 따라서 적절히 계획을 세워 영어 텍스트가 글의 목적, 내용, 독자의 관점에서 어떻게 코드화되는 가게 대한 의식적인 접근을 통한 지도가 필요하다.

교사는 학습자에게 언어 지식을 형성하고 영어 글에 대한 이해를 할 수 있도록 언어 발판(scaffolding)을 제공하여 학습자의 쓰기 학습을 도울 수 있다. 언어 발판 개념의 핵심은 교사는 입력과 지도를 통하여 학습자가 혼자의 힘으로 목표로 하는 영어 글쓰기를 할 수 있도록 이끌 수 있다는 것이다. 학습자에게 인지적으로 접근가능한 학습 환경을 제공함으로써 혼자서는 해결할 수 없지만 상호작용을 통하여 보다 높은 수준의 언어 수행을 가능하게 할 수 있는 것이다.

영어 글쓰기를 배운다는 것은 문장 수준 내에서 그리고 문장수준이상에서 적절한 언어적 선택을 할 수 있는 능력을 습득하는 것이고 교사는 명시적인 문법을 제공함으로써 학습자가 그러한 능력을 효과적으로 습득하도록 도울 수 있는 것이다. 언어 지도에서 문법은 그 자체가 목표가 아니며 문법은 학습자가 의미를 생성하는데 도움을 주는 참고서로 제시되어야 할 것이다. 따라서 언어 과업의 목표는 글쓴이로서 영어 학습자가 목표로 하는 장르의 글을 독립적으로 산출하도록 돕는 것이다.

학습자의 언어 능력의 향상을 위한 다양한 과업이 있다. 앞에서 언급하였듯이 언어 구조를 익히고 분석하여 산출해 보기, 모델 작문에 기초한 통제 작문, 유도 작문으로 나누어 볼 수 있다. 이들 과업은 기본적인 언어 구조 인식활동에서 모델 작문의 조작으로 이동하면서 점진적으로 학습자의 언어적 독립성과 통제력을 증가시키는 것이 목표이다.

7.3.1 언어 구조 연습

이 과업은 언어 형태와 구조에 대한 인식을 상승시키는데 그 초점이 있다. 먼저 학습자에게 언어 산출을 요구하지 않고 관련 상황문맥에서 언어가 어떻게 사용되는가에 학습자의 주의집중을 유도한다. 학습자에게 전체적으로 글을 조사하게 하고 특정 문법과 어휘를 확인하고 그 사용을 눈여겨보도록 하는 것이다. 또한, 글의 전체적인 시각적 배열, 문단의 구성, 제목의 사용, 단락의 흐름에 주의하도록 한다. 예를 들어, 공식적(형식적) 편지와 개인적인 편지를 비교할 수 있으며, 대명사를 찾아서 줄을 긋고 대명사가 언급하는 것을 찾으면서 글의 응집성(cohesion)을 탐구할 수 있을 것이다. 동사의 시제를 연습시키기 위하여 특정 시제사용에 대하여 밑줄을 긋도록 할 수 있다. 또한 여러 글을 비교분석하면서 글을 시작하고 끝내는 글쓴이의 전략, 그리고 문단 전개방식에 대한 인식을 높일 수 있다(부록 7-2 참조).

그림 7.3 과거동사 사용확인 과업

- Underline the verbs in the simple past tense.

Yesterday was a typical day for Bruno. It was long and tiring, but it was interesting. In the morning, he went to class. In the afternoon, he went to work. In the evening, he had dinner with his family and studied. That is the way his life goes.

Bruno's alarm rang at 6.00. He jumped out of bed and did some exercises. By that time, it was his turn in the bathroom. He took a shower, shaved, and brushed his teeth. He thought about his girl friend, Maria, while he brushed his teeth. After he got dressed, he went to the kitchen for breakfast-toast and fruit with coffee. After breakfast, he cleaned up the kitchen and did the dishes while his mother got ready for work. AT 7:30, he and his brother, Roberto, were ready to leave for school.

(Blanton, 2001, p.57)

그림 7.4 어휘연습 과업

- Please choose a word with the same meaning. Write it below.

items	convenient	many	entire
near	vegetables	fruit	meat

1. The Baronis do their shopping for the *whol*e week, __________
2. They go to a supermarket *close to* their apartment. __________
3. It is *easy* to shop there. __________
4. They buy many *things* in the supermarket. __________
5. They buy *apples, bananas, and oranges.* __________
6. They buy *beef and chicken.* __________
7. They also buy *corn, green beans, and carrots.* __________
8. *A lot of* families shop on Saturday. __________

(Blanton, 2001, p.23)

모델 작문을 통하여 학습자는 목표로 하는 텍스트의 특징에 대하여 익힌 다음 학습자는 모델을 조작하는 활동을 할 수 있다. 쓰기 지도에서 모델을 사용하는 것에 대하여 과정 중심의 지도에서는 학습자를 너무 일찍 수사적 형식에 집중하게 함으로써 글의 아이디어를 생성하고 초고를 쓰고 수정을 하는 과정의 발달을 저해할 위험이 있다는 것으로 이견을 제시하고 있다. 이러한 주장에는 일면 타당성이 있지만 여러 형식의 글과 읽기, 그리고 활동을 통하여 그러한 문제점을 해결할 수 있다. 좋은 모델은 학습자에게 신뢰할 만한 장르 스키마를 제공해 줌으로써 성공적으로 작문 과업을 준비할 수 있게 해 준다.

모델에 기초한 과업은 결합하기(combining), 삽입하기(inserting), 재배열하기(reordering), 부분 삭제하기(deleting) 등을 포함한다. 결합하기 과업의 경우 학습자에게 두 문장을 적절하게 원인과 결과로 또는 사건과 그 결과로 연결하게 하는 것이다. 삽입 과업은 목표로 하는 단어나 언어 구조형태를 적절하게 텍스트에 집어넣어서 완성하는 클로즈(cloze) 활동, 텍스트의 기본 골격과 형식, 주제에 대한 지식을 이용하여 텍스트를 다시 창의적으로 만드는 스토리보딩(storyboarding)을 포함한다. 재배열 과업은 문장들이 뒤범벅 되어있는 것을 제대로 순서화를 하도록 함으로써 일관성 있는 전체를 만들게 하는 연습이다. 예를 들어, 다음과 같은 과업이다.

그림 7.5 결합하기, 삽입하기, 재배열하기 과업

- Read the pairs of sentences. Then rewrite them as one sentence with *so*.

a. I want to take him to a soccer game. ______________________
Naoki loves soccer. ______________________

b. Laura never tells secrets. ______________________
I know I can trust her. ______________________

c. She knows a lot about me. ______________________
I have known Sara since we were six. ______________________

(Kelly & Gargagliano, 2004, p.88)

- Complete the paragraph below. Choose the correct verb form.

My favorite photo _______(be) of me and my family in Egypt. We _______(take) a trip to the Temple of Karnak in Luxor a few years ago. One day, my brother and I _______(walk) around a temple. We _________(pretend) we were in a James Bond movie and _______ (hide) from the guards. It __________(be) so fun. I _______(ask) one of the guards to take our picture. This photo _________(remind) me of our spy game in that exotic place. Whenever I see that photo, I ________(smile).

(Kelly & Gargagliano, 2004, p.41)

- Rearrange the sentences in the following paragraph so that they follow a logical order.

1. Because of kumara cultivation and the abundance of other food resources available in the North, permanent settlements could be established.
2. In pre-European times Northland was the most densely inhibited part of the country.

3. Some settlements were occupied by several hundred people.
4. The kumara flourished in this climate and became the dominant crop.
5. Clearly the warmer climate in the North made it more attractive to the early Maori.

(Rowntree, 1991, p.164)

7.3.2 통제 작문과 유도 작문

모델 작문은 통제 작문 과업을 위한 기초를 제공한다. 이러한 과업은 학습자의 영어 글쓰기에 대한 자신감과 유창성(fluency)을 개발할 수 있다. 예를 들어, 다음과 같은 활동이 있다(부록 7-3 참조).

모델 작문과 평행 작문을 쓰기
초벌원고를 편집하기
다른 관점에서 작문을 다시쓰기
이야기의 중간이나 끝부분을 쓰기
모델 작문을 짧게 줄여 쓰기

그림 7.6 모델 작문과 평행 작문 쓰기

• Write your own passage by using the reading as an example.

My favorite holiday is ________________. there are many traditions I follow to celebrate this holiday. One thing I do every year is ___________ ______________________________________. I also ____________________ ________________________________. Another tradition I have is _______ _______________________________. And finally I ______________________ ____

(David & Choe, 2003, p.50)

그림 7.7 편집 과업

- Read the paragraph below. Add conjunctions and transition words to improve it. Cross out any word you would like to replace, and write the new word(s) above it.

  and → in addition/ furthermore/ also
  but → however/ on the other hand
  so → therefore/ as a result

Yuki is a hard worker. And she is able to finish her work independently. For example, we had a group project to do in our economics class last year. There were three people in Yuki's group. But at the end of the first semester, both of her partners transferred to other schools. So she had to do the project by herself. She worked on it in the morning. She worked on it at lunchtime. She worked on it at night. Most people in that situation would have gone to the teacher and asked for help. But Yuki finished the project by herself. And it was one of the best in the class. Yuki does qualify work. I believe she would make an excellent sales representative.

(Kelly & Gargagliano, 2001, p.20)

또한 받아적기식 작문(dicto-comp) 활동으로 교사가 모델 작문을 보통속도로 2-3번 읽어주고 학생들에게 들은 것을 단서로 글을 써 보게 하는 방법이 있다. 경우에 따라서는 교사가 단락을 읽어 주고 칠판에 단서가 되는 단어를 적어주는 방법도 있다.

모델 작문에 대한 학습이 이루어지면 모델 작문에서 벗어나서 학습자의 향상된 지식을 이용하여 특정 상황 문맥 안에서 그리고 통제된 입력을 가지고 텍스트를 쓰도록 할 수 있다. 다음과 같은 과업을 이용할 수 있다.

정보차 과업: 두 학생이 정보를 교환하여 쓰기 과업을 완성한다.
정보 전이: 그래프, 표, 메모들을 텍스트로 전환한다.
핵심단어 쓰기: 주어진 핵심단어를 사용하여 쓰기를 한다.
그림 묘사하기: 일련의 그림을 보고 텍스트를 만든다.

그림 7.8 정보 전이 과업

Percentage of Elementary School Students Who Use Computers at School

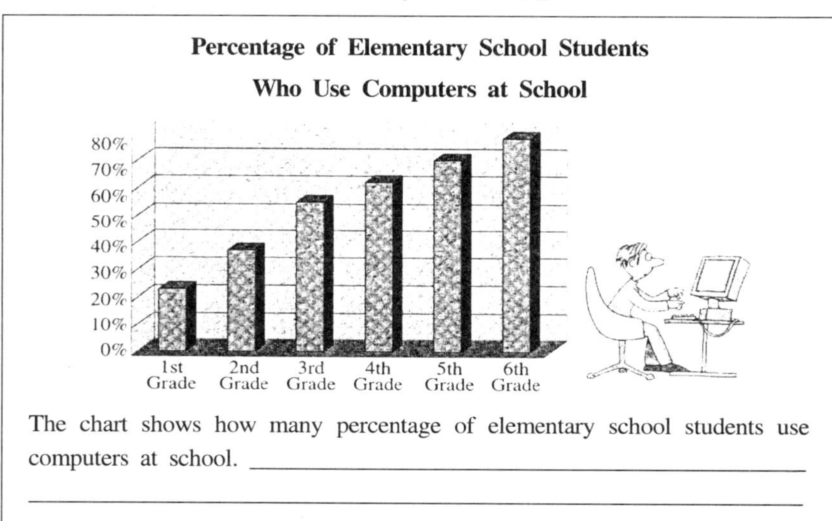

The chart shows how many percentage of elementary school students use computers at school. ____
____
____

그림 7.9 그림 묘사 과업

Use the pictures and the words below to make up your own version of Tom's story.

Tom	[live-language teacher-London]
it	[look for - binoculars-boat]
he	[be-very miserable]
	[stop-pick up]
-ed	[live-desert island]
was	[distance-boat-see]
used to	

____

____

____

____

____

(Batstone, 1994, p.106)

그림 7.9와 같이 일련의 그림이 주어지고 그림과 함께 이야기의 실마리가 되는 단어나 특정형태를 제공하며 줌으로써 학습자에게 완전한 선택의 자유를 주지 않고 어느 정도의 글의 방향을 정해 줄 수 있다.

7.4 작문 과업

영어로 글을 쓰는 모든 학습자는 그들의 언어 부분과 관계없이 글을 쓰는 전략과 기술을 개발해야 한다. 글을 능숙하게 쓴다는 것은 내용을 생성하고, 초고를 쓰고, 다시 수정하고, 편집하고, 다듬는 전략의 사용에 상당부분 의존하며 따라서 영어 학습자들은 이러한 기술을 개발하기 위한 도움이 필요하다.

많은 영어 학습자들이 작문할 종이의 빈 공간에 대한 두려움을 가지기 때문에 쓰기-전 활동을 효과적으로 이용하는 것은 그 만큼 가치가 있다. 어디서 어떻게 시작을 해야 될지 모르는 경험이 없는 글쓴이에게 쓰기-전 활동은 효과적으로 작문 시간을 투자하는 방법을 또한 알게 해 줄 것이다. 교사의 목표는 다양한 전략을 사용하여 학습자의 사고를 촉진하고 생성시키는 것이다. 글의 주제에 대한 아이디어를 끌어내는 다음과 같은 쓰기-전 과업을 교실환경에 맞게 선택적으로 이용할 수 있다.

> 브레인스토밍하기(brainstorming)
> 목록 만들기(listing)
> 빨리 쓰기(speed writing)
> 클러스터 만들기(clustering)
> 의문사이용하기(questioning)

브레인스토밍은 주제에 대하여 생각나는 모든 것을 적는 방법으로 일반적으로 교실의 모든 학생들이 참여함으로써 지식의 공유를 이끌어내는 모둠활동이다. 주제에 대하여 학습자 혼자 생각하는 것보다 훨씬 많은 자료를 생성할 수 있다. 목록 만들기는 본질적으로 개별 학습자 활동으로 주제에 대한 생각의 요지나 하위범주의 목록을 가능한 상세하게 만들도록 한다. 클러스터 만들기는 생각한 것을 중심 단어나 사고와 관련하여 묶는 방법으로 목록 만들기와는 달리 단어와 구문을 연결 관계를 형성하여 적는 방법이다. 완성된 묶음은 선형형태로 나타날 수도 있고 바퀴살 형태의 연결을 보일 수 있다. 빨리 쓰기는 freewriting, wet ink writing, quick writing, speed writing이라고도 하며 학생들이 종이에 펜을 떼지 않고 정해진 시간 내에(일반적으로 3-5분 정도의 시간) 자유롭게 문법, 구두점, 철자는 무시하고 신속하게 의식의 흐름을 적는 것이다. 의

문사 이용하기는 6하 원칙(누가, 무엇을, 어디서, 언제, 어떻게, 왜)을 이용하여 아이디어를 생성하는 방법이다.

위와 같이 자유롭게 아이디어를 방출하도록 장려하는 과업은 영어를 외국어로 배우는 학습자에게 많은 도움이 된다. 복잡한 주제를 가지고 길게 작문을 하는 경우 보다 정교한 기법이 필요하다. 클러스터형성하기와 의문사사용하여 질문하기는 보다 체계적이고 발견적인 글쓰기를 할 수 있게 도와주며 조직적인 계획을 세우는데 발판의 역할을 해 준다. 이러한 과업은 소모둠으로 실행될 때 보다 효과적일 수 있으며 함께 탐구함으로써 영어 글쓰기를 시작할 수 있는 자신감을 갖게 해 준다.

쓰기-전 활동을 통하여 학습자는 글의 전반적인 윤곽을 구성하면서 글의 구조와 수사적 유형을 생각할 수 있다. 제2언어 학습자에게 윤곽은 작문을 위한 소중한 받침대로 아이디어가 다양한 방식으로, 즉, 원인-결과, 비교, 문제해결, 가정-사실 등으로 연결되고 글의 선형적 또는 위계적 구조를 구성하도록 도와줄 것이다.

윤곽을 형성하고 나서 초고를 작성하는 것이 영어 학습자에게 쉬운 일은 아니다. 학습자가 첫 단어를 적고 이어서 문장들을 적어 나갈 수 있도록 격려하는 것이 필요하다. 초고를 끝까지 써 내려가기, 초고를 계속 읽어가면서 오류를 수정하고 철자를 확인하기, 학생들이 서로 초고를 읽어주고 평을 해주기 등을 유도하는 작문 과업이 효과적이다.

초고와 편집의 중요한 요소는 글의 독자를 고려하는 것이다. 다시 말하면 다른 사람의 눈으로 글을 읽음으로써 글의 전달 내용에서 불명확한 부분을 예견할 수 있는 것이다. 초보 영어 작문 학습자는 독자의 이해와 필요를 예견하기가 어려우며 독자의 정신과정을 구체화하는 것이 어려울 것이다. 동료의 검토(peer review)는 이러한 경우에 도움이 된다. 학습자들은 서로의 글에 대하여 생각을 나눔으로써 글의 주제와 언어적인 측면에 집중된 관심을 실제적 존재로서의 독자로 옮길 수 있다. 다른 한편, Elbow(1998)는 학습자에게 과제를 내 주는 경우 교사보다는 '의도된 독자'를 대상으로 작문을 하도록 과제를 제시할 것을 권장한다.

독자를 고려하고 자유롭게 글을 쓰도록 권장할 수 있는 다른 방법으로 일기(diary)나 '대화일지(dialogue journal)'을 이용하는 것이다. 대화일지는 원래는 모국어습득 어린이와 성인의 문어 능력(literacy) 학습을 위하여 개발되어진 것으로 제2언어의 경우에도 학습자들의 자신감, 유창성, 그리고 독자에 대한 인식을 형성하는데 효과적이라는 것이 보고되고 있다. 대화일지를 통하여 학습자는 자신이 좋아하는 주제를 선택하여 표현할 수 있는 기회를 가질 수 있고 이것이 학습자에게 쓰고자하는 동기와 자신의 생각을 보다 명확하게 표현하고자 하는 동기를 보다 부여할 것이다. 또한 학습자는 대화일지를 통하여 교사와 개인적인 상호작용의 기회를 가지며 그 결과 교실의 의사소통을 보다 원활하게 이루어지게 될 수 있다. 그림 7.10은 우리나라 초등학생의 영어 일기와 이에 대한 교사의 반응의 예이며 그림 7.11은 고급수준의 중국인 영어 학습자의 일지와 그에 대한 교사의 반응을 담고 있다.

그림 7.10 초등학생의 영어 일기

March 5, 2005

Title: McDonald

My family went to McDonald. I ate Mc chickin burger. And my brother ate Big Mac. And I got a pencil from a waitress. The pencil was green. And the burger was so taste! I want to go to McDonald again.

Teacher's response: Good job! Is this your first time you ate at McDonald's?

그림 7.11 대화일지(Vanett & Jurich, 1985)

Journal Entry:

Yesterday at about eight o'clock I was sitting in front of my table holding a fork and eating tasteless noodles which I usually really like to eat but I lost my taste yesterday because I didn't feel well. I had a headache and a fever. My head seemed to be broken. I sometimes felt cold, sometimes hot. I didn't feel comfortable standing up and I didn't feel comfortable sitting down. I hated everything around me. It seemed to me that I got a great pressure from the atmosphere and I could not breath. I was so sleepy since I had taken some medicine which functioned as an antibiotic.

The room was so quiet. I was there by myself and felt very solitary. This dinner reminded me of my mother. Whenever I was sick in China, my mother always took care of me and cooked rice gruel, which has to cook more than three hours and is very delicious, I think. I would be better very soon under the care of my mother. But yesterday, I had to cook by myself even though I was sick, The more I thought, the less I wanted to eat, Half an hour passed. The noodles were cold, but I was still sitting there and thinking about my mother, Finally I threw out the noodles and went to bed.

Ming Ling, PRC

Teacher's response: This is a powerful piece of writing because you really communicate what you were feeling. You used vivid details, like "...eating tastless noodles....", "my head seemed to be broken..." and ",... rice gruel, which more than three hours and is very delicious." These make it easy for the reader to picture exactly what you were going through. The other strong point about this piece is that you bring the reader full circle by beginning and ending with "the noodles."

Being alone when you are sick is difficult. Now, I know why you were so quiet in class.

If you want to do another entry related to this one, you could have a dialogue with your "sick" self. What would your "healthy" self say to the "sick" self? Is there some advice that could be exchanged about how to prevent illness or how to take care of yourself better when you do get sick?

Start the dialogue with your "sick" self speaking first.

7.5 쓰기 과업의 순서화

과업을 어떻게 배열하여 조직할 것인가는 쓰기 지도의 중요한 부분이다. Nunan(1989)은 쓰기 활동을 학습자의 인지적, 수행적 부담을 기준으로 점진적으로 배열할 것을 주장한다. 보다 이해에 기초하고 통제적인 활동에서 의사소통적 상호작용에 참여하도록 하는 활동으로 옮아가도록 하는 것이다. Breen(2001)는 형태보다는 의미 중심의 과업 순서화를 제안한다. 즉, 일련의 문제 해결을 위한 논리를 기초로 과업을 연결하는 것이다. 다른 한편 교수 과업과 실제 과업의 유기적 통합에 대한 주장도 있다. 예를 들어, Ellis(1987)는 등급화된 언어 과업을 통하여 익힌 언어 형태를 실제 활동에서 사용하게 하는 병렬적(parallel) 접근을 제안한다.

또 다른 대안적 접근방식은 Vygotsky(1978)의 협력 학습(collaborative learning)과 Bruner(1986)의 발판(scaffolding) 개념에 근거한 것이다. 이 접근방식은 학습자에게 학습 내용을 명확하게 하고 효과적으로 영작문을 할 수 있는 자신감과 능력을 쌓도록 고안된 교수-학습 사이클의 형태를 띈다. 이 접근방식은 초보 영어 쓰기 학습자는 익숙하지 않은 장르의 글쓰기를 할 때 보다 많은 도움이 필요할 것이라는 것에서 출발하며 학습자는 적절한 입력과 교사와의 상호작용을 통하여 자신의 잠재적인 수행을 향하여 나아가는 것이다. 교사는 적절한 언어적/비언어적 정보와 연습의 기회를 제공함으로써 학습자가 처음에는 혼자서 할 수 없었던 것을 해 낼 수 있도록 도와준다. 이러한 과정을 통하여 학습자가 점점 새로운 장르에 대한 통제력을 얻게 됨으로써 교사의 도움은 점진적으로 줄어들게 되고 보다 많은 책임이 학습자의 몫으로 넘어가게 되는 것이다. 이 접근방식은 학습의 각 단계에서 특정 목적을 성취하기 위하여 어떻게 과업을 순서화할 수 있는가를 제시하고 있다. 즉, 각 단계마다 그에 적절한 활동이 있고 교사는 각 단계의 진행에 맞추어서 교실 과업을 이

동할 수 있다. 아래의 그림은 이 접근방식을 잘 나타내 주고 있다(Feez, 1998).

그림 7.12 영작문 교수-학습 사이클(Feez, 1998, p.28)

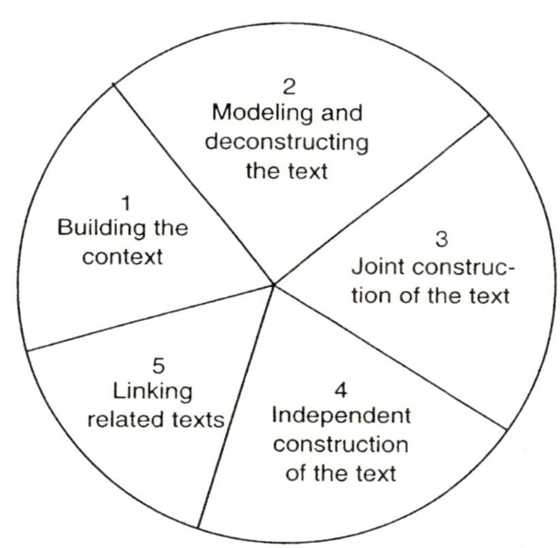

처음 특정 장르가 수업에 도입되는 경우를 보자. 먼저, 교사는 목표 장르에 대한 학습자의 이해를 돕기 위하여 그 장르가 사용되는 상황문맥에 대한 지도단계(building the context)가 필요하다. 예를 들어, 입사지원서(job application)에 대하여 배우는 경우 학습자는 신문광고를 읽거나 그 장르에서 사용되는 단어 목록을 살펴 볼 수 있을 것이다.

다음단계인 모델링(modelling)과 탈구성단계(deconstructing the text)에서는 글의 문단 전개단계를 확인하고 두드러진 언어 구조를 연습하는 활동을 할 수 있다. 의식상승(consciousness-raising)을 통하여 모델 조작과 통제된 작문에 이르기까지 다양한 언어 과업을 통하여 학습자의 주의를 목표 장르의 구조와 언어적 특질에 집중하게 할 수 있다. 여기서 과업은 학습자가 관련된 문맥에서 필요한 문법을 배울 수 있게 도와주는 것이다. 다음 단계인 상호협상단계(joint construction of the text)에서는 학습자가 장르에 대한 통제력과 자신감을 갖게 될 때 교사는 상당부분의 책임감을 학습자에게 전이할 수 있다. 학습자는 목표 장르에 대한 이해를 통하여 교사와 친구들과 협력하여 목표 텍스트를 창조할 수 있는 것이다. 교사의 적절한 안내와 작문 전략을 통하여 글을 계획하고 원고쓰기를 하면서 텍스트를 발전시켜 나가게 된다.

독자적인 구성단계(independent construction of the text)에서는 발판이 제거되고 학생은 스스로 텍스트를 만든다. 학생은 개별적으로 자신이 주제에 대하여 조사한 메모와 요약을 바탕으로 초고를 작성하고 여러 번의 수정을 통하여 그리고 필요할 때는 교사나 친구들의 의견을 참조하여 작문을 완성하는 것이다. 교사는 더 이상 학습자의 학습에 직접적으로 간섭하지 않으며 격려와 모니터, 충고와 도움, 그리고 원고에 대한 피이드백의 제공자로의 역할을 하게 된다. 작문에 대한 평가가 이 단계에서 또는 다음 단계로 이루어질 수 있다. 사이클의 마지막 단계는 관련텍스트 연결단계(linking related texts)이다. 다른 상황에서 목표 장르의 사용을 비교해 볼 수 있다. 예를 들어, 영업편지의 작성을 여러 다른 상황 즉, 다양한 업종의 회사들의 경우를 비교해 볼 수 있을 것이다.

위의 사이클 모델은 교사와 학습자 모두에게 작문을 배우는 명확한 경로를 제공해 준다. 학생에게는 분명한 학습 목표와 언어, 상황문맥, 내용, 장르, 작문 과정이 연결되어 있는가에 대한 이해를 준다. 또한 교사에게는 작문 활동을 계획하고 순서화하는 원리를 제공해 준다. 이러한 사이클 모델의 장점은 각 단계마다 학습자가 작문의 특정 부분에 주의를 집중할 수 있도록 도와주며 교사와 학생이 다양한 방식으로 그리고 다양한 작문 과업을 사용하여 상호작용할 수 있다는 것이다. 각 단계에서 교사의 역할과 대표적인 작문 과업을 정리하면 다음과 같다.

표 7.2 교수-학습 단계에 따른 교사의 역할과 과업

단계	목적	교사의 역할	과업의 예
문맥화 단계	학습자가 글의 목적, 독자, 문맥을 이해하도록 돕는다.	시작자/ 안내자 참고인	관련자료 읽기, 사이트 방문, 도서관이용 정보수집, 브레인스토밍, 어휘 쌓기
모델링 단계	장르의 전형적인 유형과 언어를 조사하기	교수자/ 안내자 통제자	언어 익히기, 모델 작문 조작하기, 통제/안내 작문 과업
협상 단계	교사와 학생이 함께 텍스트를 만든다.	격려자 참고인	작문 기술, 각 단계에 따른 작문
구성 단계	학생 스스로 작문을 한다.	관찰자 반응자	계획하기, 초고쓰기, 논의하기, 편집하기, 동료 검토, 다듬기
연결 단계	비슷한 상황의 다른 글과 연결시켜본다.	관찰자/ 안내자	자기반성하기, 프로젝트 하기

부록 7.1 문자소 과업

1. 철자 쓰기 연습활동

☞ Write these words in the correct shapes, then say the words.

to	the	has	you	is	very

1. 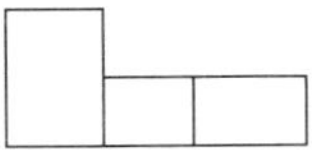 2. 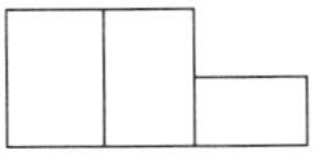 3.

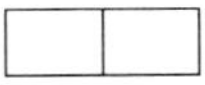

4. 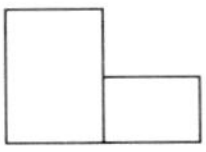 5. 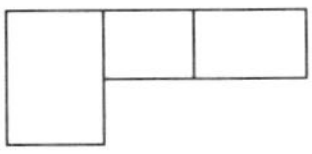 6.

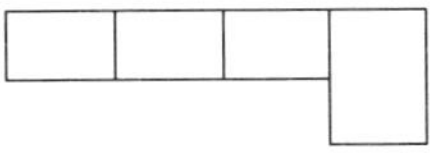

2. 구두점 연습활동

Use a "." at the end of a telling sentence.

Use a "?" at the end of an asking sentence.

Use an "!" at the end of an exciting sentence.

☞ Write the correct punctuation at the end of each sentence.

1. Here come the ants _____
2. Zac is a rat _____
3. Will Zac fall _____
4. How long is that boat _____.
5. There is a crowd outside the palace _____.

부록 7.2 언어 과업

1. 어휘 연습활동

☞ Circle the word that best completes the sentence, then write the word in the blank.

___________	1. The rat is ______ .	the was sad
___________	2. Zac sat on a _______ .	mat has the
	3. The _____ has a nap.	is cat ran

2. 언어 구조 연습활동

☞ Draw the pictures so that you can write comparisons for them.

Example:

The man is taller than the girl.

1.

2.

3. 장르 분석 활동(Harmer, 2001, p.263)

☞ First ask students to look at a collection of reviews of plays, films from newspapers, magazines, and on the Internet. For each one they have to use the following reviewer's 'genre-analysing' kit. By studying the reviews and answering the questions above, students build up a picture of how reviews are usually written.

Reviewer's Genre-Analysis Kit

Answer the following questions about the review you are reading:

Meaning

1 What is being reviewed?
2 Does the reviewer like it?
3 What, if anything, was especially good about the thing/event being reviewed?
4 What, if anything, was especially bad about the thing/event being reviewed?
5 Who, if anybody, deserves credit for their part in it?
6 Who, if anybody, should be criticised for their part in it?

Construction

1 How is the headline/caption constructed?
2 What does each paragraph contain, and how are the paragraphs sequenced?
3 What grammar and lexis is used to show approval?
4 What grammar and lexis is used to show disapproval?

부록 7.3 유도 작문 과업

☞ The following directions tell how to wash a car. But They are not in sequence. Put the directions in sequence by numbering each direction. Then write your own set of directions for making a phone call. Use sequence words and write each step in sequence.

____ Finally, dry the car with a soft, clean cloth.
____ Second, fill the bucket with water and some soap powder.
____ Fourth, wash the bottom of the car.
____ Fifth, rinse off the soap.
____ Third, wash the top of the car.
____ First, get a bucket, a hose, and a soft clothe.

____

____

____

____

____

☞ Look at the picture. Describe what the picture is about.

Some girls and boys are playing volleyball.

____

____

____

____

____

8. 글쓰기 기술의 지도

앞 장에서 우리는 세 가지 쓰기 과업에 대하여 알 수 있었다. 영어 글쓰기를 성공적으로 잘 하기 위해서는 글쓴이는 영어 쓰기의 기술적인 측면과 언어 체계에 대한 숙달과 함께 다음의 두 가지 중요한 지식을 갖추어야 한다.

- 일련의 적절한 쓰기 과정을 이용하여 문자 텍스트를 창의적으로 만들 수 있는 글쓴이의 능력
- 쓰고자 하는 특정 장르에 대한 지식

따라서 이 장에서는 글쓰기 기술지도에 대하여 보다 구체적으로 살펴볼 것이다. 영어 작문 교재에 이들이 어떻게 다루어지고 있는가를 살펴보면서 효과적인 글쓰기 전략 지도에 대하여 생각해 보도록 하자.

8.1 쓰기-전 단계(Prewriting stage)

쓰기 과정은 학자들에 따라서 조금씩 다르게 기술되고 있지만 중요

요소에 대하여는 일반적인 동의가 이루어지고 있다(Hedge, 1988; White & Arndt, 1991; Harris, 1993 등). 앞에서도 언급하였듯이 쓰기 과정은 단순히 선형적인 전진과정이 아니다. 각 과정단계에서 글쓴이는 자신이 발전시키려고 하는 의미를 정교화하기 위하여 이전 단계로 돌아갈 수 있을 것이다. 이런 의미에서 '출판'이라는 것은 글쓴이가 글쓰기를 멈추고자 정한 한 시점을 표시하는 것이지 텍스트가 '완성되었다는' 것을 의미하는 것은 아니다.

Hedge(1988, pp.21-2)는 쓰기-전 활동에 대하여 다음과 같은 말을 하고 있다.

> Before putting pen to paper, the skilled writer in real life considers two important questions... What is the purpose of this piece of writing?...[and]...Who am I writing this for?

Hedge의 위의 두 질문은 텍스트의 상황문맥과 내용에 대한 이해의 중요성을 보여준다.

또한 우리는 경험을 통하여 글에 따라서 어떤 글은 상당한 준비를 요하는 반면에 그 자리에서 바로 쓸 수 있는 글이 있다는 것을 알고 있다. 다음의 문맥에서 텍스트를 쓰는 경우를 생각해 보자.

> ❶ 대학에서 수강 신청서를 작성하기
> ❷ 다른 나라의 친구에게 편지쓰기
> ❸ 전자렌지 사용 설명서를 작성하기

경험있는 노련한 영어 글쓴이라면 위의 글을 쓰기 전에 어떤 종류의 쓰기-전 활동이 효과적인지 생각할 것이다. 작문을 시작하기 전에 조사를 실시할 것인지, 몇 분간의 준비, 예를 들어, 쓰고자 하는 것의 요점을 목록으로 적어둘 수 있을 것이다.

아마도 세 번째 문맥이 가장 많은 쓰기-전 활동을 요할 것이다. 글쓴이는 전자렌지를 개발한 엔지니어와 디자인너와 이야기를 나누어야 할 것이고 식품영양학자와 음식 준비법을 논의하고 안전문제를 점검하고 어떻게 하면 오븐을 가장 깨끗하게 사용할 수 있는가를 알아보아야 할 것이다. 이러한 모든 정보가 모아지면, 글쓴이는 텍스트를 위한 적절한 구성틀(organization framework)을 결정해야 하고 독자에게 설명해야 하는 전문적인 용어를 점검하고 어떤 삽화가 필요할지를 결정할 것이다. 이 상황에서 글쓴이가 성공적으로 글을 쓸 수 있는가는 이 특정 장르에 대하여 글쓴이가 얼마나 이해를 하고 있느냐에 상당 부분 달려있다. 예를 들어, 관리기술자를 위한 설명서는 가정용 사용자를 위한 것과는 아주 다를 것이다. 이러한 차이에 대하여 알고 있을 때, 전문적인 글쓴이는 독자에게 적합한 방식으로 적절한 정보를 제공할 수 있을 것이다. 만약 글쓴이가 장르에 대하여 이해를 하지 못하고 있다면, 적절한 질문을 하고 적절한 정보를 포함시키고 유용한 설명서를 준비하기는 어려울 것이다. 경험 있는 글쓴이는 다른 과업을 완성하는데는 보다 적은 쓰기-전 활동을 필요로 할 것이다. 예를 들어, 대학 교육기관에 대한 어느 정도의 배경지식이 1번 문맥에서는 요구되어진다. 2번 편지쓰기는 아마도 글쓴이가 포함시킬 내용의 요점을 적는 것 이외에는 아무런 준비를 필요로 하지 않을 수 있다.

학생들이 자신의 고향에 대한 관광안내서를 준비하는 다음의 활동을 통하여 쓰기-전 활동이 쓰기 능력 발달에 어떠한 도움을 줄 수 있을지 그리고 이러한 활동에서 교사의 역할은 무엇인지 알아보자.

그림 8.1 관광안내서 과업

절차

① 안내서에 들어갈 내용을 정하기 위하여 모둠 회의를 한다.
회의에서 다음을 결정해야 한다.

- 어떤 정보를 포함시킬 것인가: 지역 관광명소, 좋은 식당 등.
- 안내서에 어떤 삽화를 넣을 것인가: 지도, 사진 등.
- 누가 무엇을 할 것인가: 각 부분을 누가 담당할 것인지, 누가 사진을 찾을 것인지 등.

② 일정 시간이 지난 다음에 교사는 다시 모둠끼리 모여서 작성한 정보를 살펴보는 시간을 준다. 이번에 모둠에서 해야 하는 일은 다음과 같다.

- 정보가(그리고 영어)가 정확한가?
- 무엇을 포함시킬 것인가에 대한 확실한 결정
- 안내서를 만들기

③ 끝마친 다음에는 모든 학생들을 위하여 전시를 한다.
전시된 다른 모둠의 안내서를 보고 의견을 나눈다.

위의 활동은 학생들에게 서로 협력하여 어떻게 관광안내서를 만들어내는가에 대한 명확한 조언을 주고 있다. 협동 과업 형식으로 정보수집과 안내서 작성이 제시되고 있다. 학생들이 목표로 하는 텍스트 안에 들어갈 내용을 확인하고 구성할 수 있을 정도로 장르에 대한 충분한 경험이 있으면 위와 같은 협동 과업을 제공하는 것은 중요한 장점이 있다. 위의 경우, 교사는 이 단계에서 과업의 촉진자(facilitator) 역할을 할 수 있다. 교실수업의 적절한 운영은 위의 쓰기 활동의 전반적인 성공에 큰 기여를 할 수 있다. 협동쓰기 활동에 대하여 Hedge(1988, p.12)는 다음과 같이 말하고 있다.

> Collaborative writing in the classroom generates discussions and activities which encourage an effective process of writing.

쓰기-전 과업을 완성하기 위한 적절한 기술을 계발함으로써 학습자가 보다 나은 영어 글쓴이가 될 수 있도록 효과적으로 도울 수 있다.

위의 관광안내서를 작성하는 경우와는 달리 글쓴이에게 보다 책임이 주어지는 즉, 학습자가 거의 전적으로 텍스트를 만들어 내야 하는 경우가 있다. 그러한 경우의 쓰기-전 활동으로 White & Arndt(1991)는 '생성하기(generating)', '집중하기(focusing)', 그리고 '구조화하기(structuring)'를 제안하고 있다.

생성하기 활동은 학습자가 쓸 글감을 찾고 상상의 장애물을 극복하도록 돕는다. 글쓴이는 혼자 또는 모둠으로 작문을 시작하기 전에 아이디어를 얻기 위하여 생성하기 활동을 할 수 있다. 이러한 활동들은 학습자들에게 논의의 실제적 목적을 제공하고 자신들의 경험을 나누고 또한 작문에 대한 동기를 높여줌으로써 언어 학습 교실에서는 극히 효과적이다.

집중하기 활동은 학습자가 말해야 하는 우선순위를 확인하도록 돕는다. 이러한 활동을 통하여 자신의 논쟁의 중요 사항들을 강조할 수 있고 자신이 쓰고 있는 내용을 보다 효과적으로 전달하도록 도와준다.

구조화활동은 학습자가 잠재적 독자와 효과적으로 의사소통하기 위하여 어떻게 텍스트를 구성 조직해야 하는가를 생각하도록 도와준다. 학습자에게 아이디어를 생성하고 구조화하고 집중하도록 도움을 주는 쓰기-전 활동의 예를 보도록 하자. 먼저, 마인드맵(mind map) 활동은 글쓴이의 생각을 끌어내고 집중화를 하도록 돕는 기법이다. 마인드맵의 시각적 특성은 특히나 교실수업이나 모둠활동에 유용하다. 칠판이나 플립차트를 이용하여 어떤 문제에 대한 합치된 견해를 형성하고 그 다음 그 문제의 다양한 측면의 관계성을 확인하고 글감으로 좋은 요소들을 선택할 수 있다.

그림 8.2 마인드맵의 예

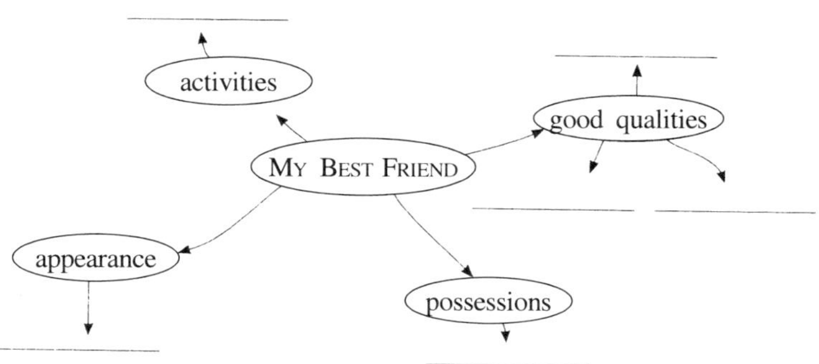

다음은 학생들에게 주제와 관련된 영어 단어와 표현을 기억에서 불러오게 자극하는 것이다. 학습자의 아이디어 생성을 돕는 학습지(worksheet)를 이용할 수 있다.

그림 8.3 아이디어 생성을 위한 학습지

Sample worksheet for generating ideas

Topic: Describe your personality
Underline the adjectives that describe you best:

intellectual	realistic	athletic	quiet
naive	pessimistic	boring	loud
serious	enthusiastic	anxious	active
lazy	intelligent	calm	adventurous
crazy	dull	depressed	loving
optimistic	hopeful	diligent	perfectionistic

Use the dictionary to find five more adjectives that describe you.

Use some of the following expressions as you describe yourself:

intellectual	realistic	athletic	quiet
always	rarely	often	when I'm tired
occasionally	never	regularly	when it's rainy
in the morning	during the day	at night	when it's sunny
with my friends	with my parents	on a date	at a party
on a trip	when I meet someone		

(Scott, 1996, p.53)

이와 같은 학습지는 주어진 작문 과업에 대한 언어적 발판을 제공해 줌으로써 학습자에게 작문을 지루하고 재미없는 과업이 아닌 새로운 아이디어를 자극하고 발견하는 활동으로 접근하도록 해 줄 수 있다.

다음은 언어 학습의 초기단계에 있는 학생들에게 적합한 활동의 예이다. 학습자들이 써야 하는 이야기의 많은 부분을 제시해 줌으로써 아이디어를 생성하고 집중화하는데 수반된 어려움을 피할 수 있다. 이 과업은 텍스트의 조직화에 초점을 두고 있다. 책의 저자들은 이야기형식의 일반적인 구조를 제시하여 주고 있으며 이러한 정보를 사용하여 '양치기 소년과 늑대'의 가장 좋은 이야기 전개 순서를 정하도록 돕고 있다.

그림 8.4 그림을 이용한 쓰기-전 활동

4. The next story is about a shepherd boy and a wolf.
   4.1 Before you write the story you will need to decide on the correct labels for the pictures at the top of page 39. Write the appropriate number beside each picture.

   The Boy Who Cried 'Wolf!'
   1. a boy looked after sheep.

2. many sheep were killed by the wolf.
3. one day a wolf really came to attack the sheep.
4. he did this several times and the villagers were angry with him.
5. he frightened people in his village by saying a wolf was attacking the sheep.
6. he ran to tell the villagers but they did not believe him.

4.2 Now write the story of The Boy Who Cried 'Wolf!'. Remember to use appropriate punctuation for speech and to organize your story into sections which:

* set the scene
* describes earlier events
* describe later events
* describes final outcome

The vocabulary below will help your write your story. Try and use as many of these words as you can.

looked after sheep joke frighten pretending attack
shout fields laughed several times help tricks really
loudly go away believe lies killed beaten liar truth

(Hopkins & Tribble, 1989, pp.38-9)

위의 세 활동들은 짧고 비교적 비형식적인 텍스트의 글을 쓰는 학생들에게 유용하다. 이러한 활동은 적절한 쓰기 능력의 계발을 도움으로써 학생들이 작문을 하게 될 때 이런 종류의 글쓰기에 필요한 사전-계획의 모든 것을 끝마칠 수 있는 것이다.

8.2 초고 작문하기

쓰기-전 단계와 작문 단계 사이에 단순하게 선을 그을 수 있는 지점이 있지 않다. 오히려 두 활동간의 필연적인 교차가 있다. 하지만 글쓴이가 계획과 아이디어를 임시적인 텍스트로 옮겨야 하는 단계에서 생각을 글로 옮기는 어느 지점이 있다. 이 단계를 학자들은 '작문하기(composing)' (Hedge, 1988), '초고쓰기(drafting)'(White & Arndt, 1991), '창의적으로 발전시키기(creating and developing)'(Harris, 1993)라고 명명하고 있다. 작문을 하는 동안에 글쓴이는 그들이 독자에게 전달하고자 하는 것과 최대한 밀접하게 조화되는 텍스트를 향하여 이동하는 것이다.

Brown & Hood(1989)는 다음과 같은 연습문제를 통하여 학생들이 작문의 시점에 도달하도록 돕고 있다. 1단계에서, 학생 모둠은 아이디어를 생성하기 위한 도우미로 헤드라인(이 경우 Lost boys found)과 who?, where?, when? what?과 같은 질문이 주어진다. 이것은 학생들이 생각을 끌어내고 집중화하고 구조화하는데 도움을 줄 것이다. 2단계에서는 학생들은 개별적으로 첫 번째 단계에 근거한 짧은 신문기사를 작성한다.

1 단계: 모둠활동

Lost boys found	
who?	*2 boys, aged 10 and 12*
where?	*in the bush, in the Darderong Ranges, near Melborne*
when?	*lost yesterday. Found this morning*
what?	*wandered away from a family picnic*

Two boys, aged 10 and 12, who wandered away from a family picnic in the Darderong Ranges near Melborne yesterday, were found this morning after spending all night in the bush.

2 단계: 1단계를 토대로 개별활동

Lost boys found

who?

where?

when?

what?

일단 학생들이 작문 시작의 어려움을 극복하면, 그 다음에는 학생들은 이야기의 내용을 상세화하면서 글쓰기를 계속할 수 있다. 이러한 과업은 중급수준의 학생들에게 적절하며 다소 길지 않은 단순한 텍스트의 작문을 목표로 한다.

보다 긴 작문을 가르치는 경우를 생각해 보자. 작문을 하는 동안 부딪

히게 될 일시적인 장애물을 극복하는데 도움을 줄 수 있는 접근방식은 어떤 것일까? 어떤 방법으로 글쓴이가 잠재적 독자와 '대화'를 하도록 유도할 수 있을까? 일반적으로 가장 핵심적인 방법은 스스로에게 다음과 같은 질문을 하는 것이다: 내가 말하고 있는 논리를 따라잡기 위하여 독자가 불합리한 '점프'를 해야 하는가? 다시 말하면, 독자가 글쓴이에게는 익숙하지만 그들에게는 새로운 논리의 끈을 따라잡을 수 있는가를 질문해 보는 것이다. 보다 구체적으로 White(1987)는 글쓴이가 생각을 생성하고 글을 전개해 나가도록 돕는 다음과 같은 기억술(mnemonic)을 제안한다.

A	Associate the theme with something else
D	Define it
A	Apply the idea
D	Describe it
C	Compare it with something else
A	Argue for or against the subject
N	Narrate the development or history of it

이것은 다음과 같은 암호를 만든다.

A DAD CAN

예를 들어, 학습자들에게 하나의 주제를 제시하고, 다음과 같은 일련의 활동을 통하여 초고를 쓰도록 하는 것이다.

생각을 끄집어내기
생각을 조직하기
주제를 발전시키기
계획을 전개해 나가기
독자를 고려하기
시작하기

White와 다른 학자들이 작문을 위한 준비과정으로 추천하는 단계를 고려할 때 학생들에게 바로 작문으로 뛰어들게 하는 것이 얼마나 실패의 확률이 높을 수 있는가를 보여준다. 다른 한편, White의 기억술 방법은 다소 지나치게 구체적이며 따라서 유연성이 없다는 점도 간과해서는 안 된다. 글을 쓰는 개인은 각기 다양한 성향(disposition)과 인지적 스타일을 가지며 따라서 교사는 성공적인 글을 쓰는 데는 다양한 길이 있다는 것을, 경우에 따라서는 아주 독특한 개인적인 방법이 있을 수 있다는 것을 인정해야 한다.

다른 한편, 작문 과정은 어떤 고립된 활동이 아니라는 것을 인식해야 한다. 글쓰기 과정 중에 어떤 개별 단계가 있을 수 있지만, '작문하기'는 단지 순환주기의 한 부분인 것이다. 펜이 처음으로 종이를 터치하는 그 순간이 작문을 시작하는 순간은 아니다. 대부분의 경우, 성공적인 작문은 글쓴이가 문자 텍스트에 대한 광범위한 경험을 형성하고 글쓴이로서의 일련의 기술을 개발하고 현재의 텍스트에 대한 구체적인 준비를 한 후에 단지 일어난다. 장 · 단기적인 준비는 글쓴이가 작문을 하는데 도움이 되며 자신이 쓰고 있는 글을 점검하고 평가하도록 돕는다. 따라서 작문하기는 글쓴이가 다음과 역동적인 상호작용을 하는 순간의 연속인 것이다:

-전개하려고 하는 또는 공유하려고 하는 논의
-독자의 기대에 대한 이해
-현재 작문하는 글의 장르에 대한 이해

8.3 수정하기와 편집하기(Revising and Editing)

일반적으로 작문하기와 초고쓰기는 쓰기 과정의 마지막 부분이 아니다. 적어도, 글쓴이는 계속적으로 자신이 쓴 것을 읽어가면서 명확한 표현과 정확한 사실과 문법을 사용하기 위하여 교정을 한다. 대부분의 경우, 일반적으로 '최종' 원고가 만들어지기 전에 한 번 이상의 수정하기와 편집하기 과정의 순환이 일반적이다.

Hedge(1988, p.23)는 대부분의 학자와 교사들이 공감하는 의견으로 '훌륭한 글쓴이는 처음에 내용을 올바르게 적는 것에 집중을 하고 철자, 구두점, 문법과 같은 세부적인 것은 나중으로 미룬다'고 말하고 있다. '내용을 제대로 쓰는 것'이 수정과정에 해야 하는 일이다. 그 나머지는 편집과정에서 이루어진다. 이러한 의미에서, 수정하기는 쓰기 과정에 포함되며 학생 글쓴이의 초고에서 종종 일어나는 것과는 구분된다. 학습자가 초고를 완성 텍스트로 제출하고 교사가 글에 보이는 실수를 세면서 텍스트에 대하여 점수를 주는 경우를 생각해 보자. 학생들은 그들의 글을 편집하기 위한 체크리스트에 대한 정보가 필요하다. 또한 학생들은 수정하기와 편집하기가 쓰기 과정의 중요한 부분이며 선택적으로 취할 수 있는 것이 아니라는 것을 인식하는 것이 필요하다.

편집 점검리스트(editing checklists)의 여러 예가 있다. Hedge는 작문 과정에서 그리고 작문 후에 다음과 같은 질문을 해보는 것을 제안한다.

-나의 느낌을 독자와 충분히 나누는가?
-내가 중요한 정보를 빼먹지는 않았는가?
-내가 논의의 일부를 생략하거나 제대로 설명을 하지 못해서 독자가 논리적 비약을 해야 하는 지점이 있는가?
-어휘를 보강해야 하는 부분이 있는가?
-너무 많은 것을 말하는 또는 반복되는 부분이 있는가?
-글을 보다 명확하게 하거나 흥미롭게 하기 위하여 문장을 재배치 할 수 있는가?
-문단을 재배열하는 것이 필요한가?
-문단간의 연결이 명확한가?

Hopkins & Tribble(1989, p.10)는 초보 글쓴이를 위하여 다음과 같은 체크리스트를 제안한다.

-글이 의미가 통하는가?
-페이지에 글이 정확하게 구성 조직되었는가?
-정보가 명확하고 논리적인 순서로 제시되고 있는가?
-독자가 필요로 하는 모든 정보를 담고 있는가?
-불필요한 정보가 있는가?

체크리스트는 쓰기의 마지막 과정인 편집하기에서도 유용하다. 편집단계에서 조차, '최종'이라는 생각을 해서는 안 된다. Harris(1993)가 말하듯이, 텍스트가 전체적인 일관성을 유지하도록 하기 위해서는 전체 원고의 단지 일부분일지라도 전개된 텍스트를 반복해서 읽는 것이 필요하다. 영어 글을 잘 못 쓰는 사람은 거의 원고를 끝마쳤을 때조차도 검토를 하거나 꼼꼼히 읽기를 하지 않는 경우가 많다.

편집 체크리스트는 언어의 다양한 측면에 초점을 두면서 상황에 따라 달라질 수 있다. 초보자의 경우 특정 언어 항목 예를 들면, 전치사나 관사 사용에 주의를 기울일 수 있을 것이다. 또는 수정하기와 편집하기를 포함하는 보다 일반적인 다음과 같은 체크리스트를 이용할 수도 있을 것이다.

정보의 제시 순서(정확한지, 논리적인지, 그리고 효과적인지?)
레이아웃
철자
구두점
어순
단어 선택
문법(특히 형태와 시제의 선택)

지금까지 우리는 성공적인 쓰기 과정에 대한 학습자의 인식의 고양과 글쓴이로서 쓰기 기술을 향상시키는데 도움이 될 수 있는 여러 가지 면들에 대하여 살펴보았다. 그리고 장르에 대한 이해가 글쓰기 과정과 방식에 어떠한 영향을 미치는가에 대하여서도 살펴보았다. 다음 장에서는 학생 글쓴이의 글에 대하여 교사가 할 수 있는 다양한 반응에 대하여 살펴봄으로써 영어 학습자 글에 대한 다양한 접근방식에 대한 논의를 할 것이다.

9. 교사의 역할

이 장에서는 학생 글에 대한 다양한 유형의 반응에 대하여 살펴볼 것이다. 논의를 통하여 학습자가 글을 쓰는 다양한 이유와 학습자가 쓴 텍스트에 대하여 교사가 취할 수 있는 역할에 대하여 생각해 볼 것이다.

앞에서 우리는 쓰기 과업을 문자소 과업, 언어 과업, 작문 과업으로 나누어서 살펴보았다. 일반적으로 '쓰기를 함으로써 영어를 배우는' 언어 요소 중심의 쓰기 과업에 대한 전형적인 반응 방식은 다음과 같을 것이다.

1. There ~~is~~ [are] some children in the play ground.
2. There are some benches in the play ground.
3. There is a pond close to the benches.
4. There is a fountain near ~~to~~ the pond.

쓰기를 통하여 목표어인 영어를 배우는 활동에서 학습자들은 일반적으로 그들이 사용한 언어에 대한 분명한, 애매하지 않은 피이드백을 원한다. 학습자들은 자신의 언어 사용이 올바른 것이지 틀렸는지를 알고자 하고 그것을 통하여 목표 언어에 대하여 배우고자 한다. 이것은 위와 같은 문장 수준의 과업에 적용될 수 도 있고 목표어를 연습하는 것이 과제의 주요 목적인 경우에 통제된 방식으로 문장이상의 수준에서도 적용될 수 있다.

하지만 영어 글쓰기를 배우는 활동에서는 위의 접근방식은 충분하지 않다. 글쓰기는 복잡하고 다면적 활동이기에 교사는 단지 문장이 옳거나 틀렸다는 식의 판단이 아니라 다양한 역할을 취하면서 학습자의 다양한 욕구에 반응을 해야 하기 때문이다.

따라서 본 장에서는 교사가 쓰기 과정 순환주기의 각 단계에 맞추어서 학생글에 취할 수 있는 독자(audience), 보조자(assistant), 평가자(evaluator), 시험관(examiner)의 네 가지 역할을 중심으로 살펴보자.

9.1 네 가지 역할

영어 쓰기 지도를 가르치는 교사는 기본적으로 학생 글쓴이의 독자로서 여느 독자와 동일한 책임감과 관심을 가져야 한다. 예를 들어, 글이 흥미로운가? 글이 글쓴이의 세계관과 견해에 대하여 말해 주고 있는가? 와 같은 질문을 생각하면서 관심있게 학생 글을 읽어 나가야 할 것이다. 그러나 간혹 영어 쓰기를 가르치는 교사는 학생 글에 나타난 언어적 오류를 교정하는데 열중하다보면 이러한 부분에 대하여 잊어버린다. 때로 학생의 글에서 보이는 부적절한 영어 표현을 체크해 주는 교사의 반응은 학생들로 하여금 자신의 작문의 메시지가 전혀 전달되지 못하였다는 좌절감을 갖도록 한다. 따라서 영어 작문을 통하여 학생이 전달하려고 노력하는 아이디어, 느낌, 경험에 대하여 어느 정도 반응하는 것이 교사의 책임이다.

보조자로서 교사는 텍스트가 그 목적에 맞게 가능한 효과적인 글이 되도록 학생을 도와야 한다. 보조자로서 교사는 글의 진행과정을 보고 글을 시작하는 가장 좋은 방법, 과업에 적절한 언어, 장르, 그리고 필요하다면 텍스트와 관련된 주제내용 등에 도움을 줄 수 있다.

평가자로서 교사는 더 이상 특정 텍스트를 향상시키려고 노력하지 않는다. 오히려 학습자의 전체적인 글쓰기 수행과 앞으로의 글쓰기에 도움이 되도록 학습자 글의 장, 단점을 평가한다. 평가는 글이 완성되었을 때 이루어진다. 평가는 또한 학습자의 쓰기 능력에 대한 평가를 함으로써 다음 수업을 들을 때 다른 교사가 참고할 수 있는 자료가 될 수 있다.

시험관으로서, 교사는 또 다른 역할을 할 수 있다. 교사는 시험의 형식적 제약 안에서 학생이 얼마나 글을 잘 쓰는가에 대한 가능한 객관적인 평가를 제공해야 한다. 평가는 일반적으로 명시적인 기준을 근거로 이루어지며 또 다른 훈련된 시험관이 반복적으로 사용할 수 있어야 한다.

다음은 학생 글에 대한 교사의 일반적인 반응의 예이다.

텍스트 A

Let's Do Excercise!

I want to tell you about the importance of exercise. If you do exercise everyday, you will be ~~health.~~ healthy You will feel strong -er than before.

And your body will be in a good shape. Also, you don't have to worry about weight control. So I advise you to do regularly exercise.

First choose one favorite sport. Do it with your friends or parents or whoever you want. After a couple of week -s you can feel you are strong -er and healthier.

Make sure to include closing sentences.

B-

텍스트 B

MY EARLIEST MEMORIES

My earliest memories are ~~very niceand~~ important to me. I was borned in Genoa, but when I was two years old my parents went to live in Sondrio, a quiet town in the ~~hight~~ high Lombardia near the Swiss border.

I lived there for ten years, ten beautiful years. I'd like to remember the hight mountains around the town, the blou sky (blue), the clean air and the snow, the friends.

That quiet (peace?) has been very important for my mind (?) and for my character.

I remember too (so) many things of (from) that period which I can't forget. Also now, that I live in Genoa and in Milan I try to go to Sondrio as ~~soon~~ (often) as possible every week, because there I've a lot of friends.

A good effort! B-

(Tribble, 2003, p.120)

위와 같은 교사의 피이드백은 우리에게 익숙할 것이다. 외국어를 배워본 학습자로서 이전의 경험을 생각해 볼 수 있을 것이다. 교정(correction)에 초점을 둔 피이드백은 '쓰기를 통하여 목표어를 배우려는 활동'에서 교사가 할 수 있는 한 가지 방법이다. 그러나 이러한 피이드백은 문장 수준의 문제는 어느 정도 다룰 수 있지만 그 이상의 문제, 즉, 문단구성이나 글쓴이가 독자의 기대를 충분히 만족시키기면서 글을 쓰는가와 다른 차원의 문제들은 적절하게 다루지 못한다.

위의 A와 B 예에서 교사는 학생의 글에 대하여 세 가지 방식으로 반응을 하고 있다. 일차적으로 교사는 학습자의 영어 사용에 문제점을 지적함으로써 학습자 텍스트의 향상에 도움을 주려고 시도하였다. 그러나

이 경우 학습자의 텍스트는 이미 완성되어서 제출된 것이고 따라서 텍스트를 향상시킬 수 있는 시점이 지나가 버려서 실질적인 도움이 되지는 못하고 있다. 다음으로 교사는 최종적인 논평을 함으로써 학습자를 격려하고 다음 글쓰기의 올바른 방향을 제시하려고 하고 있다. 텍스트 A의 경우 글을 끝내는 마무리 문장을 쓰도록 조언을 하고 있다. 그러나 텍스트 B 논평의 경우 'A good effort!'는 너무 막연하여 학습자는 아마도 어떻게 글을 보다 좋게 만들어야 하는지에 대한 유용한 도움을 얻지 못할 것이다. 마지막으로 교사는 B-의 점수를 줌으로써 각 작문에 대한 점수를 줌으로써 평가자의 역할을 하고 있다. 그러나 위의 두 예에서 어느 교사도 학생의 글을 재미있고 관심있게 읽었다는 어떤 암시도 주고 있지 않다. 다시 말하면, 독자로의 역할을 하지 못하고 있는 것이다.

위와 같은 식으로 학생의 글에 대하여 오류를 교정해 주고 짧은 논평을 제공하는 것이 학습자의 글쓰기 능력의 향상에 얼마나 기여하는가? 학습자 작문에 대한 교사의 피이드백에 대한 연구 논문들은 형태에 초점을 둔 교정보다 내용에 초점을 둔 교사의 반응이 주어질 때 학습자의 작문 능력이 향상되었다는 것을 보여준다(Donovan & McClelland, 1980; Kepner, 1991; Semke, 1984; Zamel, 1983). Semke(1984)는 학습자의 작문에 (1) 논평하기 (2) 오류교정 (3) 논평과 오류교정 (4) 오류 지적의 4가지 유형의 피이드백의 효과를 조사하였고 그 결과 글의 정확성 측면에 있어서는 집단 간에 의미있는 차이가 나타나지 않았다. 그러나 작문에 대한 논평을 받은 집단은 다른 집단보다 더 길게 글을 썼으며 전반적인 언어 능력이 향상되는 결과를 나타냈다. 비슷하게 Kepner(1991)도 문장수준의 오류교정과 작문의 내용과 관련된 논평의 효과를 비교하였다. 문장 수준의 오류교정은 학생들의 표면 오류를 막아주지 못하였으며 내용에 반응하는 것이 학습자의 작문의 질과 문법적 정확성을 향상시키는데 효과적이었다.

학습자의 글을 읽고 논평을 어느 단계에서 줄 것인가를 생각해 보자. 학생이 제출한 완성된 결과물에 대하여 논평을 해 줄 수 도 있고, 학생의 완성된 결과물이 아닌 글의 과정 중에 논평을 할 수 있다. 그러나 일단 글이 완성되어서 제출이 되면 독자가 그 글을 향상시키기 위하여 도움을 주는 것은 불가능하다는 것을 염두해야 한다.

Raimes(1983)는 교사 피이드백의 두 가지 유형을 정리하고 있다. 하나는 '완성된' 글에 주는 피이드백이고 다른 하나는 쓰기 과정 중에 글에 하는 논평이다. 아래는 Raimes가 '전형적인 교실 쓰기 과정'라고 언급한 것으로 교사의 주요 임무는 주제를 정하여 주고 그에 대한 학생의 노력의 결과를 평가하는 것이다.

그림 9.1 일반적인 피이드백 절차

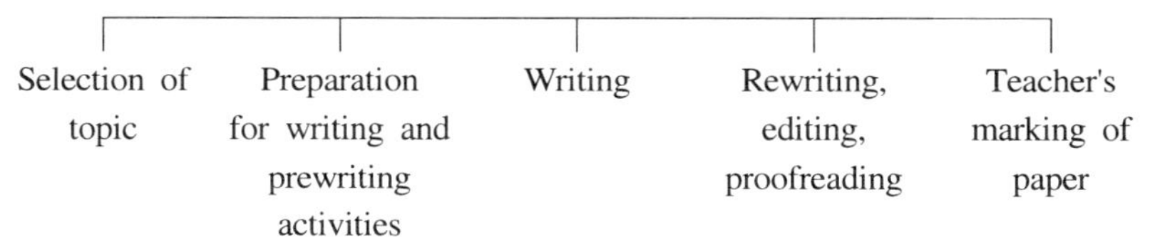

(Raimes, 1983, p.139)

과업이 명확하게 규명되지 ~않고 학생이 왜 글쓰기를 하는지 제대로 이해를 하지 않은 경우, 이러한 피이드백 절차는 교사에게는 시간이 너무나 많이 소비되는 힘겨운 일일 뿐만 아니라 학생에게도 글쓰기에 대한 동기를 잃게 할 수 있다.

두 번째 유형은 학생들에게 구성적인 피이드백(constructive feedback)을 제공받게 할 수 있는 보다 잠재력을 가지는 피이드백 절차이다(그림 9.1). 이 모델에서는 다양한 범위의 논평이 있고 각각은 글의 전개의 특정 시기에 적절하며 대부분의 피이드백은 글이 최종평가를 위하여 제출되기 전에 주어진다. 무엇보다도 이 모델에서는 최종평가는 '원고 1에서 원고 3까지의 진보'를 가리키는 것이지 쓰기 과정의 최종 결과물에 대한 판단이 아닌 것이다.

그림 9.1 구성적인 피이드백 절차

Selection of topic by teacherand/ or students	Preparation for writing/ prewriting activities	Teacher reads notes, lists, outlines, etc. and makes suggestions	Student writes draft 1	Student makes outline of draft 1	Teacher and students read draft: add comments and suggestions about content	Student writes draft 2	Student reads draft 2 with guidelines or checklist: makes changes	Teacher reads draft 2: indicates good points and areas for improvement	Student writes draft 3	Student edits and proofreads	Teacher evaluates progress from draft 1 to draft 3	Teacher assigns follow-up tasks to help in weak areas

(Raimes, 1983, pp.140-1)

교사에게 필요한 전략은 학생의 글이 완성될 때까지 기다리는 것이 아니라 학생의 원고에 구성적인 논평을 줄 수 있는 전략인 것이다. 이러한 전략이 효과적으로 이루어지면, 텍스트가 최종평가를 위하여 제출될 때 학생의 글이 지니는 대부분의 문제는 제거된 상태일 것이다. 이러한 전략은 학생이 쓰기 과정의 각 단계에서 주어지는 교사의 논평의 목적을 잘 이해할 수 있도록 할 수 있다. 그러면 각 역할에 적절한 교사의 반응 전략에 대하여 생각해 보자.

9.2 독자(Audience)

White & Arndt(1991)는 학생 글에 반응하기 위한 가이드라인을 다음과 같이 제시한다.

> Respond as a genuine and interested reader rather than as a judge and evaluator. (p.125)

학생 글에 대한 효과적인 교사의 반응으로 다음과 같은 예를 제시한다.

> ❶ I really appreciate your sharing this experience with me. I found your story to be a touching piece of writing.
> ❷ The first two paragraphs could be made more interesting for the reader. How?
> ❸ Try changing the order of events and paragraphs.
> (White & Arndt, 1991, p.128)

Raimes(1983)는 독자의 역할로 어떤 논평을 할 수 있을지 다음의 짧은 예를 제시하고 있다.

> 학생의 글
>
> My family is a large family, having six people live together in the house. Each one has different way to help them relax. An also the way they thought is relaxing, having give me too much angry.
>
> For example, my youngest sister is love chinese music, therefor whenever she at home do her homework always has the music on. That bother me a lot. Because she and I live in the same room making me have to stop with the arcurment with her.
>
> But the most angry is get up in the morning with a disco music. That rely make me crazy. That whole day I just have bad feeling. That is my youngest brother relax's way.

Raimes(1983, p.142)는 다음과 같은 반응을 제시한다.

> You have told us about two members of your family. Now I am wondering what the others do to relax! Do they like music too?

이 경우 학생은 의심할 여지없이 교사가 자신의 글을 관심을 가지며 글의 내용을 잘 이해하고 있다고 생각할 것이다. Raimes의 논평과 질문은 학생에게 텍스트를 보다 확장하도록 권하고 있다.

9.3 보조자(Assistant)

쓰기 과정에서 특히나 어느 정도 긴 글을 쓰는 경우 일반적으로 준비, 작문, 수정, 편집의 단계를 포함한다는 것을 보았다. 교사는 각 단계에서 학습자를 도와서 자신의 글에 책임감을 가지고 글을 가능한 명확하고 효과적으로 만들도록 이끌 수 있다. 작문 교실에서 교사가 할 수 있는 가장 중요한 기여는 글쓴이의 집단뿐만 아니라 독자의 집단을 만드는 것이다. 그것이 일관성 있고 철저하게 이루어지면 교사가 해야 하는 일의 무게는 상당히 줄어들 수 있다.

작문 과정동안 독자의 집단을 지속적으로 유지하기 위해서는 교사가 학생이 쓰고 있는 글에 계속 반응을 하거나 교사이외에 누군가 글을 읽고 반응을 하도록 만들어야 한다. 이에 대한 실제적인 4가지 방법에 대하여 살펴보도록 하자.

9.3.1 상담하기(Conferencing)

학급에서 글쓰기의 준비단계가 진행될 때 교사는 보다 쉽게 학생의 글에 관여할 수 있다. 한 가지 방법이 상담하기이다. 예를 들어, 전체학생들을 대상으로 통계자료에 대한 설명, 실험절차에 대한 보고서 또는 문학작품에 대한 논평과 같은 사실적 글쓰기(factual writing)의 쓰기 활동을 진행할 때 교사는 계획과 초고에 초점을 두는 상담시간을 가질 수 있다. 다음은 90분 수업을 전제할 때의 가능한 절차이다.

전반부 30분

❶ 쓰기 과업을 정하고 글의 목적에 대한 합의를 이끌어내고 문제점들을 명확하게 하도록 학급 논의를 위한 시간을 준다.
❷ 쓰기 과업에 대한 가이드라인을 제시한다.
❸ 과업과 관련된 언어적 문제와 글의 내용에 대하여 짝과 함께 논의하도록 한다.
❹ 해당 쓰기 과업에서 학생들이 직면할 수 있는 문제들에 대하여 정리할 수 있는 짧은 피이드백 시간을 가진다.

60분

❺ 학생들에게 개인적으로 글을 쓰도록 한다.
❻ 쓰기가 20분 정도 지난 다음에 각 각의 학생들과 또는 두 명씩 2-3분 정도의 개별상담을 시작한다.

비록 이러한 개별상담을 하는 경우 교사는 교실의 여기저기를 이동해야 하지만 그 만큼 얻어지는 결과는 보람이 있다. 이 방법은 꼭 초고를 작성하는 단계에서만 이루어질 필요는 없고 쓰기 과정 어느 시기에나 사용될 수 있다. 이 방법에서 유의할 점은 교사가 개별 상담을 진행하는 동안 나머지 학생들이 효과적으로 각자의 글쓰기를 하도록 수업을 진행하는 것이다. 한 쓰기 과업에 적어도 한 번의 상담이 수업에서 이루어지는 것이 바람직하다. 효과적인 상담을 위하여 상담하기 전에 쓰기 단계를 고려하여 학생들에게 자신의 글의 주제와 목적을 적어보고, 그리고 자신의 글에 대한 생각해 보도록 하는 상담지를 나누어 줄 수 있다(부록 9-1 참조).

9.3.2 모둠 글쓰기(Group writing)

Hedge(1988)는 계획과 초고단계에서 글을 시작하기 위한 유용한 활동으로 다음과 같은 모둠 글쓰기를 제시하고 있다.

모둠 글쓰기

언어 수준 중급에서 고급

주제 이야기 글 또는 묘사문

수업 절차

1. 일반적인 작문 수업 위한 쓰기의 주제를 준비한다. 축제에 대한 이야기나 묘사문이 모둠 글쓰기를 위한 좋은 재료이다.
2. 학생들에게 작문을 모둠으로 준비하고 각 학생이 한 절씩 작문을 할 것이며 서로의 원고를 점검할 것이라는 것을 설명한다.
3. 학급을 4-5명으로 모둠을 만든다. 각 모둠에 모둠 리더를 임명하고 과업을 시작하고 논의를 이끌어 가도록 한다.
4. 각 모둠은 글의 조직과 내용의 순서, 단락의 수 등을 정하고 각 학생이 각 한 절씩 작문을 한다.
5. 각 부분이 완성이 되면 학생들은 모둠의 다른 학생의 부분과 서로 교환하고 서로에게 수정을 위한 피이드백을 준다.
6. 학생들은 다시 수정하여 글을 쓴다.
7. 각 학생들의 글을 모으고 글의 일관성을 유지하도록 예를 들어 시간을 나타내는 부사구의 사용들을 점검한다.

(Hedge, 1988, pp.157-8)

이 활동은 교사와 학생 모두에게 장점이 있다. 교사는 30편의 글이 아니라 6편의 글을 읽고 논평함으로써 각 글에 대하여 더 많은 시간을 투자할 수 있다. 또한 학생은 서로 협력하여 계획하고 초고쓰기를 하면서 쓰기 과정의 문제점들을 확인하고 친구들로부터 더 많은 아이디어와 해결책을 얻는 경험을 할 수 있다.

이러한 활동을 효과적으로 진행하기 위해서는 어느 정도의 학습자 훈련이 필요하다. 무엇보다도 학생들에게 다른 사람의 글을 읽을 때는 노련한 독자의 역할을 수행해야 하는 원칙을 따르도록 하는 것이 중요하다.

9.3.3 재구성하기(Reformulating)

초고를 쓴 학생에게 피이드백을 제공하는 또 다른 방법은 재구성하기이다. 교사는 먼저 학생들에게 재구성의 절차에 대하여 설명한 다음 학생과 교사는 글의 주제를 정하고 초고를 준비한다. 교사는 학생들로부터 초고를 받고 그 중에서 학급의 학생들과 함께 공부하면서 도움을 얻을 수 있는 한 편을 선정한다. 선정한 학생 글을 누구의 것인지 모르게 하기 위하여 다시 워드로 친다. 다음으로 동료교사가 선정된 글을 내용이나 논지의 변화없이 가능한 체계적으로 다시 쓴다. 재구성된 원고와 학생의 원본 글을 모둠 토론을 위하여 이용한다.

아래는 학생의 원본과 교사가 재구성한 글의 예이다.

학생의 글

THE BANISHMENT OF FOREIGNERS

❶ INTRODUCTION

States banish unwanted foreigners almost daily. It is still not a very common matter taking into account the great number of foreigners. Only citizens have full protection against expulsion. Some foreigners are still better protected against returning than others are. The protection is based international law.

❷ LEGAL BACKGROUND

In particular an independent state is the highest unit of human society. There is no higher body which can rule over a sovereign state without its consent. However, due to practical needs there has been developed special rules concerning the behaviour of states. Without these rules peaceful coexistence between states would hardly have been possible. These rules are called '(public) international law'.

재구성한 글

THE BANISHMENT OF FOREIGNERS

❶ INTRODUCTION

Sovereign states banish foreigners whom they consider undesirable almost daily, yet it is still not a very common occurrence given the large number of foreign residents in most states. While only citizens have full protection against expulsion, some foreigners are better protected than others as a result of international law.

❷ LEGAL BACKGROUND

In particular an independent state is the highest administrative unit in human society and no body can have jurisdiction over this state without its consent. However, as a response to practical needs special rules have developed concerning the behaviour of states which are essential to their peaceful coexistence. These rules are called '(public) international law'.

(Tribble, 2003, p.128)

학생의 글

My Study Plan

전반부 생략...

I have an independent spirit, and I am a responsible woman through drills, so I will not have any problem in studying in your school. Now I have decided to do my advanced studies at Nottingham has world-wide reputation both in English and in politics.

I want to study deepening English in the home of the English, Britain. I want to improve my English in Britain through talking opinions with foreign students. Now, I am studying English very hard. I would like to feel the atmosphere of English culture like Wordsworth, Harold Pinter and Shakespeare by direct. I will have a global perspective for cultivated culture so I will escape myself from the frog in the well.

I will owe the successful completion of program to my background of rich experiences as well as to my aspiration to become a successful woman leader.

재구성한 글

My Study Plan

I am a responsible and disciplined woman with a independent spirit, and I am prepared for studying at a university outside Korea. Now I have decided to pursue my advanced studies at Nottingham which has a world-wide reputation for excellence both in English and in Politics.

> I want to deepen my study of English in the home of English by exploring and sharing opinions with British and other international students. I would like to breathe the air of the rich English culture which has been produced by Shakespeare, Wordsworth, and Harold Pinter. I want to develop a global perspective for culture, so I won' t be just a frog in a well. My unique background of rich experiences as well as my aspiration to become a successful woman leader will help me to successfully complete this program.

Hedge(1988)는 재구성하기는 학생들이 자신의 것과 비교할 수 있는 원어민 화자 또는 능숙한 글쓴이의 모델을 볼 수 있도록 해 주는 장점을 지적한다. 또한 일반적으로 학생의 글에 나타난 실수만을 교정하는 활동에서 종종 노치기 쉬운 글의 구성, 생각의 전개, 독자에 대한 고려와 같은 문제를 논의할 수 있는 좋은 방법이라는 것을 지적한다.

9.3.4 동료글 점검하기

동료글 점검하기는 학습자들이 함께 노력하여 원고를 만드는 것을 의미한다. 이때 학습자는 친구나 동료가 쓴 글에 반응을 해야 하는 자신의 역할에 대한 명확한 인식이 필요하다. 초기단계에서는 훈련과 도움이 필요하다. 그러나 학습자가 점점 자신감을 가지게 되면 이러한 활동의 장점을 알게 되고 친구가 자신보다 자신의 글의 문제점을 잘 볼 수 있다는 것을 인식하게 될 것이다. White & Arndt(1991, p.130)는 다음과 같은 유용한 동료글 점검하기 절차를 제시한다.

❶ 학생들에게 짝 활동으로 상대방의 글을 읽고 다음에 대하여 적으라고 한다.
-특별히 좋았거나 재미있었던 것
-특별히 싫거나 불필요하다고 생각된 것
-명확하게 되어있지 않은 부분
-좀 더 알고 싶은 부분
마지막으로 학생들은 자신의 짝의 글을 요약한다:
The main idea in this paper is .....
❷ 서로의 글을 상대방에게 돌려주고 요약문과 지적한 사항들에 대하여 논의를 한다. 좋았던 부분 그리고 좀 더 명확하게 해야 할 부분 등을 이야기함으로써 함께 글을 향상시켜야 한다.

Mittan(1989, pp.216-7)은 교사가 동료 점검표를 만들 때 고려해야 하는 다음의 사항을 제시한다.

1. 점검표를 작성하는 목적, 절차, 그리고 독자에 대하여 다음과 같은 명확한 설명을 한다.

Your purpose in answering these questions is to give an honest and helpful response to your partner's draft and to suggest ways to make his/her writing better. Before beginning, be sure to read the writing carefully, then respond to each of the following questions. Be as specific as possible; refer directly to your partner's paper by paragraph number.

2. 점검표는 가능한 한 쪽 분량으로 하며 질문에 대한 예상 답 칸을

적절하게 제시하여 준다.

3. 다음과 같은 질문을 이용한다:

> *What do you* like most in this writing?
> *In your own words state what you think the focus is.*
> *Which part needs to be developed? How could you the writer help you understand this idea better?*

4. 질문의 유형을 개방형, 생각의 재구성, 선택형, 글쓴이에게 편지쓰기 등으로 다양하게 한다(부록 9-2 참조).

9.4 평가자(Evaluator)

비록 원고작성의 전 과정이 이런 저런 면에서 평가와 관련이 있을 지라도 마지막 원고의 평가는 다른 차원에서 중요하다. 글에 대한 평가 일 뿐만 아니라 학습자에 대한 평가가 된다.

한 편의 글은 다양한 자료를 제공한다. 예를 들어, 학습자의 언어 체계의 통제력에 대한 증거이면서 어휘 능력에 대한 증거인 것이다. 또한 글은 설득하기, 즐겁게 하기, 정보를 주기 등과 같은 다양한 기능을 수행하며 글쓴이에 대하여 그리고 글쓴이의 세계관을 보여준다. 'Good effort!', 'Some interesting ideas but a little unclear in places. Be careful with your use of articles'와 같은 논평은 교사와 학생 모두에게 만족스럽지 않다. 어떻게 하면 보다 효과적인 평가를 줄 수 있을까?

과거에는 전통적으로 학생들의 작문은 다른 학생들의 작문과 비교해서 평가되어지는 규준참조 측정(norm-referenced)방법이 사용되어졌으나 요즘에는 작문의 질이 외적 기준 즉, 일관성, 문법적 정확성, 상황맥락적 적절성 등과 같은 기준을 근거로 그 자체적으로 평가되어지는 기준참조 측정(criterion referenced)방법이 사용되고 있다. 영어 작문 평가의 기준참조(criterion-referenced)방법은 전체적인 방법과 분석적인 방법이 있다. 전체적 평가는 글의 전반적인 인상에 근거한 것이며 분석적인 평가는 전체적인 글의 특질에 대한 개별적인 척도에 기초한 것이다. 또한 최근에는 교육 분야에 학습자의 발달진전을 보여주는 활동물, 산출물, 학습 목표와 관련된 학습자의 지식을 반영하는 기록물을 중심으로 구성되는 포트폴리오 평가가 관심을 받고 있다.

9.4.1 전체적 평가(Holistic scoring)

전체적인 척도는 작문 행위에 대한 하나의 통합된 점수화에 기초한 것이다. 이 방법은 영어 작문에 대한 평가자의 개인적인 인상으로 글쓴이의 전반적인 능숙도를 평가하는 것이 목적이다. 글에 대한 이러한 글로벌한 접근방식은 글이란 글의 내재적인 특질을 통합하는 하나의 척도로 가장 잘 포착되어진다는 사고를 반영한 것이다. 그러나 이러한 방법은 사용상의 용이성에도 불구하고 한 학생의 영어 작문을 하나의 점수로 평가함으로써 교사에게 수업에 대한 피이드백을 줄 수 있는 작문에 대한 진단적인 정보를 얻을 수 없는 단점이 있다. 또한 작문에 대한 전반적인 반응을 해야 하는 평가이기에 평가자는 동일한 특질에 대하여 동일하게 반응을 하도록 훈련을 세심하게 받는 것이 필요하다. Cohen (1994, p.317)은 전체적 평가의 장단점을 다음과 같이 요약하고 있다.

표 9.1 전체적 평가의 장/단점

장점	단점
• 하나의 능력이 아니라 전반적인 인상을 반영한다. • 글의 단점이 아니라 성취도를 강조한다. • 특정 기준에 중요도가 부여될 수 있다. • 평가자의 논의와 의견일치를 권장한다.	• 진단적인 정보를 제공하지 못한다. • 복합적 점수를 해석하기 어렵다. • 하위기술에 대한 다양한 평가가 어렵다. • 평가자들이 하위기술을 간과할 수 있다. • 어려운 형태를 사용하려는 시도에 벌점이 주어진다. • 긴 글이 더 높은 점수를 얻을 수 있다. • 한 번의 점수는 신뢰도를 감소시킨다. • 작문 능력과 언어 능숙도가 혼동될 수 있다.

전체적 방법에서는 평가를 위한 안내서(rubrics)를 참조하여 작문을 평가한다. 경우에 따라서는 9-11단계의 등급이 제시된 척도도 있으나 일반적으로는 4-6등급에 대한 기술이 사용된다. 안내서는 다양한 상황문맥에 적절하도록 디자인되어야 하며 교과목의 목표와 그 교과목의 교사가 '우수한 글'로 평가를 하는 특질을 반영하여야 한다. 중급수준의 영어 학습자에 대한 전체적 척도에 대한 샘플 안내서는 다음과 같다.

표 9.2 전체적 평가 척도(Hyland, 2003, p.228)

등급	특징
A	The main idea is stated clearly and the essay is well organized and coherent. Excellent choice of vocabulary and very few grammatical errors. Good spelling and punctuation.
B	The main idea is fairly clear and the essay is moderately well organized and relatively coherent. The vocabulary is good and only minor grammar errors. A few spelling and punctuation errors.
C	The main idea is indicated bur not clearly. The essay is not very well organized and is somewhat lacking in coherence. Vocabulary is average. There are some major and minor grammatical errors together with a number of spelling and punctuation mistakes.

D	The main idea is hard to identify or unrelated to the development. The essay is poorly organized and relatively incoherent. The use of vocabulary is weak and grammatical errors appear frequently. There are also frequent spelling and punctuation errors.
E	The main idea is missing and the essay is poorly organized and generally incoherent. The use of vocabulary is very weak and grammatical errors appear very frequently. There are many spelling and punctuation errors.

위의 채점안내서에 +, -를 이용하여 보다 정교한 구분을 할 수도 있을 것이다. 예를 들어, 어떤 글이 장르에 있어서는 적절한 단계를 이용하여 글을 쓰고 있지만 문법적 오류를 많이 범하고 있는 경우 평가자는 B와 C 사이에서 갈등을 할 수 있다. 이런 경우 평가자는 보다 정교한 구분을 위하여 +, -를 이용하여 B-나 C+를 선택할 수 있다.

9.4.2 분석적 평가(Analytic scoring)

분석적 평가 절차는 일련의 기준들로 글을 판단하는 것으로 전체적 평가와 같이 단일 차원으로 글을 평가하는 것이 아니라 다양한 기술과 지식의 복합적 결과물로 각 요소가 전체의 전개에 의미있는 기여를 하는 것으로 보는 것이다. 일반적으로 분석적 평가는 내용, 문단구성, 그리고 문법 & 어휘, 철자와 구두점과 같은 작문의 기계적 부분과 관련된 영역으로 나누어서 점수가 부여된다. 이러한 분석적 평가는 L2 영어 학습자의 글에 대하여 자세하고 구체적인 정보를 제공해 준다는 이점이 있다.

분석적 평가의 예가 아래에 제시되었다. Tribble(2003)은 작문의 다섯 가지 중요한 측면을 구분하고 있으며 이들 각각에 대하여 명시적 기술을 제공한다.

표 9.3 분석 작문 평가 척도(Tribble, 2003, pp.130-1)

영역	점수	특징
과업 완성도/ 내용	20-17	**Excellent to very good**: Excellent to very good treatment of the subject; considerable variety of ideas or argument; independent and thorough interpretation of the topic; content relevant to the topic; accurate detail
	16-12	**Good to average**: Adequate treatment of topic; some variety of ideas or argument; some independence of interpretation of the topic; most content relevant to the topic; reasonably accurate detail
	11-8	**Fair to Poor**: Treatment of the topic is hardly adequate; little variety of ideas or argument; some irrelevant content; lacking detail
	7-5	**Very Poor**: Inadequate treatment of the topic; no variety of ideas or argument; content irrelevant, or very restricted; almost no useful detail
	4-0	**Inadequate**: Fails to address this aspect of the task with any effectiveness
문단구성	20-17	**Excellent to very good**: Fluent expression, ideas clearly stated and supported; appropriately organized paragraphs or sections; logically sequenced(coherence); connectives appropriately used(cohesion)
	16-12	**Good to average**: Uneven expression, ideas difficult to follow; paragraphing or section organization evident; logically sequenced(coherence); some connectives used (cohesion)
	11-8	**Fair to Poor**: Very Uneven expression, ideas difficult to follow; paragraphing /organization does not help the reader; logical sequence difficult to follow (coherence); connectives largely absent(cohesion)
	7-5	**Very Poor**: Lacks fluent expression, ideas very difficult to follow, little sense of paragraphing/organization; no sense of logical sequence difficult to follow (coherence); connectives not used (cohesion)
	4-0	**Inadequate**: Fails to address this aspect of the task with any effectiveness

어휘	20-17	**Excellent to very good**: Wide range of vocabulary; accurate word/idiom choice and usage; appropriate selection to match register
	16-12	**Good to average**: Adequate range of vocabulary; occasional mistakes in word/idiom choice and usage; register no always appropriate
	11-8	**Fair to poor**: Limited range of vocabulary; a noticeable number of mistakes in word/idiom choice and usage; register not always appropriate
	7-5	**Very poor**: No rage of vocabulary; uncomfortably frequent mistakes in word/idiom choice and usage; no apparent sense of register
	4-0	**Inadequate**: Fails to address this aspect of the task with any effectiveness
언어	30-34	**Excellent to very good**: Confident handling of appropriate structures, hardly any errors of agreement, tense, number, word order, articles, pronouns, prepositions; meaning never obscured
	23-18	**Good to average**: Acceptable arammar-but problems with more complex structures; mostly appropriate structures; some errors of agreement, tense, number, word order, articles, pronouns, prepositions; meaning sometimes obscured
	17-10	**Fair to poor**: Insufficient range of structures with control only shown in simple constructions; frequent errors of greement, tense, number, word order, articles, pronouns, prepositions; meaning sometimes obscured
	9-6	**Very poor**: Major problems with structures-even simple ones; frequent errors of greement, tense, number, word order/function, articles, pronouns, prepositions; meaning often obscured
	5-0	**Inadequate**: Fails to address this aspect of the task with any effectiveness

철자/구두점	10-8	**Excellent to very good**: Demonstrates full command of spelling, punctuation, capitalization, layout
	7-5	**Good to average**: Occasional errors in spelling, punctuation, capitalization, layout
	4-2	**Fair to poor**: Frequent errors in spelling, punctuation, capitalization, layout
	1-0	**Very poor**: Fails to address this aspect of the task with any effectiveness

위와 같은 척도는 여러 가지 장점이 있다. 먼저 학습자는 자신의 글이 평가되는 기본에 대하여 상세히 알 수 있다. 위와 같은 척도를 교실 게시판에 붙일 수도 있고 각 학생들이 참고할 수 있는 사본을 나누어 줄 수 있다. 다음으로, 그 작문 과업에서 학습자의 우수한 측면과 취약한 측면을 알 수 있다. 따라서 학습자는 자신의 장단점을 볼 수가 있다. 위의 척도 점수와 함께 일반적으로 짧은 개인적인 메시지를 글에 대한 반응으로 주면 학생은 자신의 글에 대하여 독자들이 어떻게 생각하는가에 대하여 잘 이해할 수 있다. 또한 분석적 절차는 그 체계가 극히 유연하다. 개별 고사 또는 몇몇 교사들이 자신들 고유의 척도를 개발 할 수 있다. 지역 또는 국가적인 교육기관이 그 필요에 맞게 합의된 척도를 고안할 수 있다. 점수 비중이 특정 단계의 학습자의 필요나 과제에 따라서 조절될 수 있다. '다이어그램/표/그림의 통합'이나 '독자에 대한 인식'과 같은 새로운 범주가 추가될 수도 있다.

작문에 대한 분석적 평가절차의 장/단점을 요약하면 다음과 같다.

표 9.4 분석적 평가의 장/단점

장점	단점
• 평가자들이 동일한 특질에 대하여 평가할 수 있다. • 보다 진단적인 정보를 보고할 수 있다. • 상세한 기준이 제시되기 때문에 평가자 훈련이 용이하다. • 여러 범주를 하나로 융합하지 않는다. • 교사가 작문의 특정 측면에 우선순위를 두고 평가할 수 있다.	• 전반적인 작문의 수준에 주위가 분산되어질 수 있다. • 한 범주의 점수가 다른 것들에 영향을 미칠 수 있다. • 전체적인 평가와 비교해서 시간이 많이 걸린다. • 작문이란 부분의 합 이상이다. • 각 범주에 대한 기술이 중복되거나 애매할 수 있다.

9.4.3 포트폴리오 평가

9.4.3.1 정의와 특징

포트폴리오는 일정기간동안 학생이 작성한 다양한 장르의 작문 샘플로 특정 상황에서 학생의 능력, 향상, 그리고 가장 성공적인 작문으로 대표될 수 있는 의도적으로 선택된 샘플의 모음집이다. 주어진 시간에 주어진 주제에 대하여 작문을 해야 하는 전통적인 작문 평가와는 달리 포트폴리오 평가는 작문을 위한 기초로 읽기자료와 다양한 정보를 이용하고 교사와 친구들의 피이드백을 받아서 수정하는 작문 과정의 실제를 반영하는 평가이다.

본질적으로 포트폴리오의 목적은 보다 자연스럽고 스트레스를 덜 받는 상황에서 학생의 작문 능력에 대한 정확하고 상세한 윤곽을 얻으려는데 있다. 일반적으로 학생의 작문 능력에 대한 다차원적 측정을 위하여 완성된 작문을 포함하여 중간 원고들, 반성, 작문 수업의 읽기자료, 일기, 장르 사용에 대한 관찰, 교사나 친구의 반응을 포함한다. 일반적으로 항목의 선택은 학생과 교사의 상호작용을 통한 합의하에 선택되어지거나 학생 스스로 포트폴리오에 포함시킬 항목을 정할 수 있다. 수업의 목표를 반영하며 자신의 최상의 작문으로 꼽을 수 있거나 작문 과정과 향상정도를 가장 잘 보여주는 4-6편의 핵심 항목으로 구성이 된다. 시간을 두고 자신의 작문을 모음으로써 학생은 자신의 작문의 변화를 관찰할 수 있고 다양한 장르와 작문 경험을 비교함으로써 자신의 작문 학습 과정을 발견할 수 있다. 따라서 포트폴리오는 학생들에게 자신의 글과 글의 평가 기준에 대하여 생각하도록 권장하며 보다 자신의 글에 대한 책임감을 가지도록 하는 평가방법이다.

포트폴리오 평가는 학생의 다양한 작문 샘플로 구성되며 평가가 수업의 목표와 조화될 수 있다는 점에서 L2 영어 작문 평가에 좋은 방법이다. Hamp-Lyons & Condon(2000)이 지적하듯이 초고작성, 수정, 동료 검토, 협동 작문, 그리고 반성문(reflective writing)으로 이루어지는 포트폴리오는 실제 작문 교수과정과 밀접하게 관련된 방법이다. 학생들은 수업에서 배운 것과 평가 방법간의 직접적 연결성을 명확하게 볼 수 있으며 자신의 작문 능력의 향상에 대한 자료를 제공할 수 있고 교사는 학생의 부족한 부분에 대하여 더 많은 지원을 제공해 줄 수 있다(Brown & Hudson, 1998). 다양한 장르를 포함하는 포트폴리오는 텍스트가 특정 목적을 표현하기 위하여 어떻게 조직될 수 있는가를 부각시킬 수 있으며 한 장르가 다른 장르와 어떻게 관련되거나 상호작용을 하는가를 보여줄 수 있다.

그러나 White(1994)가 말하듯이 포트폴리오 그 자체는 평가가 아니고 단지 재료들의 모음이다. 따라서 교사는 여전히 모음집을 평가해야 하는 것이다. 포트폴리오에 점수를 매기는 것은 하나의 작문을 처리하는 것보다 실제로 훨씬 힘이 드는 과정이다. 다양한 장르의 글, 작문 과업, 초고들을 토대로 학생의 작문 능력을 잘 나타내는 하나의 점수지표를 표준화하는 일은 아주 어려운 일이다. 이상의 포트폴리오 평가의 장/단점을 요약하면 다음과 같다.

표 9.5 포트폴리오 평가의 장/단점

장 점	단 점
• 학습자의 쓰기 발달을 총체적으로 보여준다. • 학습자 스스로 자신의 쓰기 학습 과정을 되돌아 볼 수 있다. • 학습이 진행되는 수업상황과 밀접한 연계성을 가진다. • 학습자 스스로 쓰기 학습 활동에 대하여 생각해 보는 비판적 사고 능력을 개발시켜준다. • 교사, 학습자간 상호작용을 증진시킨다.	• 다양한 자료를 일관성 있게 채점할 수 있는 기준 설정이 용이하지 않다. • 평가에 소비되는 시간적 부담이 크다. • 자가 평가, 항목설정 등 학습자의 부담이 크다.

9.4.3.2 포트폴리오 디자인하기

포트폴리오는 수업에 따라서 그리고 학습자의 필요에 따라서 다양하게 디자인 될 수 있지만 무엇보다도 세심한 준비가 필요하며 다음의 항목을 구체적인 시작점으로 할 수 있다.

❶ 교과목의 목표는 무엇인가?
❷ 포트폴리오의 목적은 무엇인가-학습자의 작문 능력의 향상, 장르-인식정도, 학습자의 자기성찰?
❸ 이러한 목적을 위하여 어떤 텍스트를 포함시킬 것인가-어떤 장르? 초고 또는 최종 원고? 동료 리뷰?
❹ 누가 항목을 선택할 것인가-교사, 학생, 교사와 학생이 함께?
❺ 평가의 기준은 무엇인가-평가 영역, 척도, 채점방법?
❻ 학생의 반성과 자가 평가를 포함시킬 것인가?
❼ 일관성 있는 점수와 피이드백을 어떻게 달성할 것인가-평가자 훈련이 필요한가?
❽ 학습자 훈련은 어떻게 할 것인가-자가 평가, 자료선택 능력, 평가기준 이해도 함양, 자료 관리에 대한 훈련실시?

❾ 평가의 결과는 어떻게 처리할 것인가-학생면담, 다음 단계 교사에게 결과 전달?

이와 같이 포트폴리오 평가는 하나의 과제수행으로 이루어지는 것이 아니기 때문에 기간, 자료유형 등을 결정해야 하며 학생들의 참여가 핵심인 평가이다. 일단 포트폴리오 체계가 합의되면, 제일 먼저 교사와 학습자 훈련이 필요하다. 학생들은 항목을 선택하고 자신의 선택에 대한 반성의 글을 쓰는 방법에 대한 명시적인 지도를 받아야 하고 평가자는 평가의 일관성과 신뢰도를 확보하기 위한 명확한 기준을 가져야 한다. 학생들은 작문을 선택하는 자신의 책임감을 이해하고 평가과정에 대하여 인식하는 것이 중요하다. 우리나라 학생들의 경우에는 자신의 언어 수행, 학습 진전에 대해 스스로 평가해 보는 경험을 거의 해 보지 않아서 자기평가를 부담스러워하는 것이 일반적인 경향이다(최연희, 1999). 그러므로 포트폴리오를 이용하여 학습자의 쓰기 수행과 학습 과정을 효과적으로 평가하기 위해서는 학습자 훈련이 함께 수행되어져야 한다.

9.4.3.3 채점하기

포트폴리오의 채점 기준은 일반적으로 어떤 유형의 자료로 구성하는가에 따라 그 채점 기준이 달라질 수 있다. 다양한 샘플의 모음집인 포트폴리오를 평가하는 일은 어려운 작업으로 크게 전체적 접근과 다차원-특질 접근의 두 가지 접근방식이 있다. 전체적 접근방식은 이전 샘플에 주어진 점수를 기준점수로 삼고 학생의 작업을 평가한다. 전체적 방법은 샘플이 작은 경우에는 효과적일 수 있는 반면에 상당한 변이를 보이는 보다 길고 많은 샘플의 포트폴리오에서는 신뢰도가 낮아질 수 있다. 다차원 접근방식은 특정 장르의 특질을 포함하여 원고 단계, 과정 인식, 자기-성찰, 협동적 상호작용, 내용 지식에 대한 기준을 포함할 수 있다. 다차원-특질 방법은 결과와 과정의 복잡성을 잘 반영하지만 지나치게 다양한 기준이 제시되는 경우에는 비실제적이 될 수 있다.

Hamp-Lyons & Condon(2000)은 전체적인 포트폴리오의 항목 구성, 학습자의 특성, 작문의 내용과 문법적 특질 등을 고려한 채점 기준을 위한 유용한 틀을 제시한다.

그림 9.3 포트폴리오 채점 기준을 위한 틀

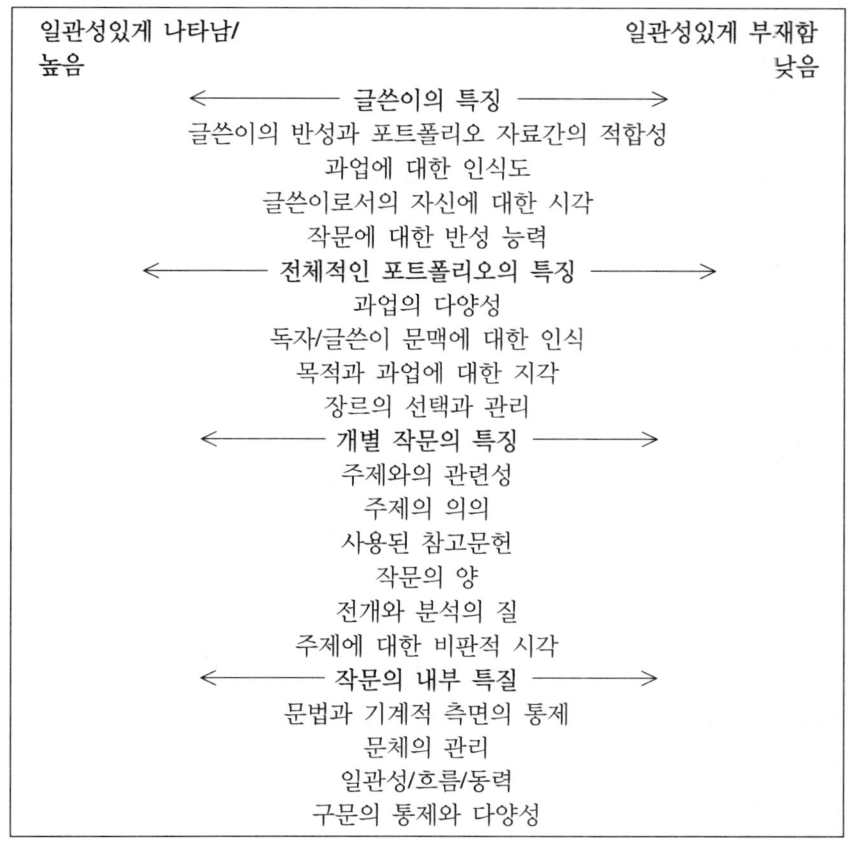

Burch(1997)는 텍스트의 내용(content)과 질(quality)로 구분하여 다음과 같은 채점 기준을 제시한다.

표 9.6 Burch의 채점 기준

평 가 영 역		점수 배점
내 용	작문 표본 4개	40
	쓰기 과정 및 반성 작문 2개	15
	동료 학습자들의 리뷰 2개	5
	학습자가 선택한 작문 2개	5
질	표현(voice) 구성(organization) 반성(reflection) 전개(development) 구두점 및 맞춤법(mechanics)	3~12

내용은 전체 60점으로 완성된 작문 표본 4개 40점, 쓰기 과정과 반성을 보여주는 작문 2개 15점, 동료 학습자가 동료 글 점검하기 시간에 글쓴이의 글에 대하여 논평을 해 준 글 2개 5점, 학습자가 추가하고 싶은 작문 2개 5점으로 구성된다. 질적인 면은 표현, 구성, 반성, 전개, 구두점과 맞춤법으로 세분화되어 총 40점으로 각 영역에 3~12점이 주어진다.

표현은 문체와 창의성, 구성은 글의 논리적 배열, 반성은 글쓴이 자신과 독자에 대한 인식의 정도, 그리고 전개는 내용의 풍부함과 적절하고 상세한 설명의 정도를 나타낸다.

어느 작문을 평가할 때나 중요한 것은 어느 정도의 책임감을 채점의 토대로 두어야 한다는 것이다. 포트폴리오가 작문 평가에 대한 보다 정확성을 반드시 주지는 않지만 '좋은 글'은 어떤 글이며 그것을 성취하기 위한 가장 좋은 방법은 무엇인가에 대한 인식을 높여줄 수 있다는 것에 그 의의가 있다.

9.4.3.4 포트폴리오 평가의 예

싱가포르의 고등학교 교사들이 만든 포트폴리오의 평가의 예를 제시하면 다음과 같다(John, 1997). 이 모델은 포트폴리오가 고도로 제한된 중등 교과과정에서 어떻게 사용될 수 있는가를 잘 보여준다.

그림 9.4 싱가포르 중등교육과정 포트폴리오 평가 예

A timed essay(argumentative or expository).
Reflection questions include: Why did you organize the essay in this way? What phrases or parts of the essay do you particularly like? Are you satisfied wth this? Why or Why not?

A research-based library project(all notes, drafts, and materials leading to the final paper)
What difficulties did you encounter writing this? What did you learn from writing it?

A summary(one summary of a reading)
Why did you select this particular summary? How is it organized? Why is it organized like this? What are the basic element of all the summaries you have written?

A writer's choice(any text in the L1 or L2 that has been important to the student)
What is this? When did you write it? Why did you choose it? What does it say about you?

An overall reflection of the portfolio(a letter to the teacher integrating the entries)
What were the goals of this class? Describe each entry and why it was important for achieving these goals.

학교에서 필수적으로 다루는 장르에 근거하여 포트폴리오를 구성하고 있으며 학생들에게 이들 장르와 자신의 과업 경험, 작문의 실제, 그리고 태도에 대하여 생각하는 쓰기 활동을 하고 있다.

미국 버지니아주 알링톤의 초등학교 ESL 수업에서 사용하는 쓰기 포트폴리오 평가는 다음과 같다(Valdez Pierce & O'Malley, 1992, p.20).

그림 9.5 초등학교 ESL 쓰기 포트폴리오의 예

첫 작문 학습 일지 1월과 5월 작문 견본 장르별 초본과 최종본 도표, 그림 등 기타 도식자료(graphics)

김영민(1997)은 우리나라 초등 영어에 대하여 다음과 같이 듣기, 말하기, 읽기, 쓰기를 종합적으로 평가할 수 있는 포트폴리오 평가를 제안하였다.

표 9.7 우리나라 초등 영어 포트폴리오

듣기와 말하기 영역
자기와 가족을 영어로 소개한 녹음테이프
말하기 듣기 면접 시험 결과
교사 관찰 일지(최소한 2회)
수업 중 활동 확인물(교과 진도 한 과당 1회 이상)
자기 평가서
읽기 영역
읽은 책 목록
좋아하는 책과 작가명
독서 일지
자기 평가서
쓰기 영역
첫 작문
자기 소개서
그림 일기
작문 견본(최상의 작품)
자기 평가서

앞서도 말하였듯이 포트폴리오 평가는 수업의 목표와 포트폴리오의 목적에 따라서 모든 학습 활동 중에서 선택하여 구성할 수 있으며 또한 학습자와 상호작용을 통하여 포트폴리오의 구성요소를 결정할 수 도 있다.

9.5 시험관

이제 교사의 시험관 역할에 대하여 생각해 보자. 위에서 제시된 평가틀이 시험관의 역할을 가지는 교사에게 어떤 관계가 있는가를 살펴봄으로써 평가의 기본원리에 대하여 생각해 보자.

언어 기능에 대한 평가는 적어도 다음의 요건을 갖추어야 한다.

-타당성	평가하기로 예정되어 있는 것을 평가한다! 우리의 경우 주어진 상황에서 글로 자신을 표현할 수 있는 학습자의 능력이다.
-신뢰성	다른 채점자가 채점을 할지라도 동일한 점수를 산출한다.
-실용성	적절한 시간과 비용으로 실시할 수 있다.

시험관으로서 교사는 이러한 기준에 일치하는 쓰기 과업을 결정해야 한다. 타당성에 관련된 경우, 비즈니스와 관련된 영어 쓰기 교과목에서는 신용장이나 상업서신을 써야 한다. 작문(수필)을 쓰는 것이 학생들의 수업 목표인 경우에는 작문이 평가대상이어야 한다. 신뢰성의 영역에서는 '좋은' 답을 구성하는 것은 무엇이며 답이 되지 않는 것은 무엇인가에 대한 채점자들간의 의견의 일치가 성립하도록 해야 한다. 실용성의 경우, 교사는 문자 텍스트는 채점하는데 다지선다형 보다 시간이 많이 걸린다는 것을 명심해야 하고 따라서 문제에서 요구하는 답의 길이와 그

것을 채점하는데 걸리는 시간의 길이 모두를 고려해야 한다.

채점자간의 신뢰도를 달성하는 가장 일반적인 방법은 교사들 간의 정기적인 모임을 갖는 것이다. 큰 학교의 경우 동료 교사들과의 모임이 될 것이고 작은 규모의 학교의 경우 동일 지역의 교사들과의 모임을 정례화 할 수 있을 것이다. 정례 모임에서 동일한 평가 지침을 이용하여 작문에 대한 성세한 점수와 전반적인 점수를 각자 부여하고 서로 의견을 나누는 과정을 통하여 평가자간의 점수 차이와 이견을 좁힐 수 있을 것이다.

부록 9.1 상담지(Conference Sheet) (Reid, 1993, pp.222-3)

Initial Conference (about a topic)

1. Topic for my essay ______________________
2. Intended purpose for my essay ________________
3. Intended audience for my essay ________________
4. Pre-writing about my topic ____________________

Essay Draft Conference

1. In group work my peers asked the following question about my topic

   ____

2. In group work my peers made the following suggestions

   ____

3. The problem(s) I'm having with this draft are ____________

Revision Planning Conference

1. I thought the best part of my essay was __________________
2. I thought the weakest part of my essay was ________________
3. According to the teacher's comments, the strengths and problems in the draft are:

Strengths	Problems
(a) ____________	(a) __________
(b) ____________	(b) __________
(c) ____________	(c) __________

4. Based on the feedback, here is my plan for revising the essay (list specific steps you intend to take and specific paragraphs you intend to revise):

   (a) ________________________________
   (b) ________________________________
   (c) ________________________________

   Three questions I want to ask you (the instructors) are:

   (a) ________________________________
   (b) ________________________________
   (c) ________________________________

부록 9.2 동료 점검표(Peer Review Form)

Writer's name ________________
Reviewer's name ______________
Title ______________________
Date ______________________

1. What is the topic of the composition? Write it here.

2. Write one or two words to describe the feeling or mood of the composition (for example, scary, strange, happy, sad)

3. Which sentence is your favorite? Write it here.

4. Read the composition again. Underline the words and expressions the writer used to link sentences and ideas (such as and, but, because, so, before, after, as a result, therefore)

5. Do you have any questions or comments for the writer?

부록 9.3 전체적 평가 채점 기준표(이정원 & 홍영주, 2001)

※ A+와 A의 차이는 학습자의 글이 위의 A등급에 해당하는 특징을 얼마나 포함하고 있는지의 정도에 따리서 구분한다. 학습자의 글이 이 등급에 해당하는 특징을 다수 포함하고 있는 경우에는 A+를 주고, 비교적 적은 수의 특징을 포함했을 경우에는 A를 준다. 아래의 나머지 B, C, D등급도 마찬가지로 점수를 부과한다.

A+ ~ A

글이 전체적으로 명료하며 주제가 확실하게 드러나 있다. 예시, 인용 등의 근거자료를 통해 충분히 필자의 의견을 객관적이며 타당하게 지지하여 완성도가 높다. 글의 조직이 일관성, 논리성 및 통일성이 있다. 수사적인 기법이나 문체의 사용도 적절하다. 같은 말을 반복하거나 불필요한 내용을 쓴 부분이 거의 없다. 다양한 문법 구조 및 어휘를 활용하고 있으며, 문법적 오류가 적고 어휘 사용에도 적절성이 있다.

B+ ~ B

글이 대체로 주제를 효과적으로 다루면서 필자의 입장을 여러 근거를 들어가면서 피력하지만 전체적으로 다소 완성도가 떨어진다. 글의 흐름이 대체로 유연하며 논리적이나 가끔 불필요한 말을 반복하거나 문장 간 또는 단락 간 연결이 어색하다. 약간의 문법적인 오류가 있으나 내용의 이해에 영향을 미칠 정도는 아니다. 단어 사용법이나 문체, 수사법에서 약간의 문제가 있다.

C+ ~ C

글이 전체적으로 완성도가 부족하다. 글의 초점이 분명하지 않고 근거 자료 제시가 미흡하다. 필자의 입장이 모호하며 방향이 뚜렷하지 않다. 독자의 이해를 방해할 정도의 문법적인 오류가 상당히 있으며 언어 사용의 유창성이 부족하다, 글의 조직 면에서는 균형이 부족하며 논리성도 부족하다.

D+ ~ D

글의 초점이 모호하며 전체적으로 완성도가 매우 떨어진다. 충분한 근거의 제시 없이 필자의 의견을 주장한다. 논의의 일관성과 논리성이 매우 결여되어 있다. 필자와 반대 입장에 대한 고려나 대안의 제시가 거의 없다. 글의 조직의 균형이 매우 부족하며 단락 간, 문장 간 연결이 어색한 부분이 많다. 독자의 이해를 방해할 정도의 심각한 수준의 문법적, 어휘적 오류가 다수 발견된다.

부록 9.4 분석적 평가 채점 기준표

항 목	세 부 항 목	점 수
내 용 (content)	내용의 일관성(consistent focus)	30
	주제와 관련된 정보의 적절한 이용	
	창의성(creativity of ideas)	
	명확하고 상세한 표현(details & clear ideas)	
	· 효과적인 결론(effective conclusion)	
구 성 (organization)	· 서론, 본론, 결론의 구성 (introduction, body, conclusion)	30
	· 단락구성(paragraphing)	
	· 논리적 구성(logical sequence)	
	· 수사적 기법의 사용(rhetoric convention)	
문법 및 어휘 (grammar & vocabulary)	· 문법 구조의 정확성(grammatical accuracy)	30
	· 문법 구조의 수준(structural complexity)	
	· 어휘의 수준(level of vocabulary)	
	· 어휘의 적합성(appropriate word choice)	
기 법 (mechanics)	· 철자법 및 구두법(spelling, punctuation)	10
	· 편집(layout)	
총 점		

부록 9.4 TOEFL의 TWE Scoring Guide(Brown, 2004, p. 239)

6 Demonstrates clear competence in writing on both the rhetorical and syntactic levels, though it may have occasional errors.

A paper in this category

- effectively addresses the writing task
- is well organized and well developed
- uses clearly appropriate details to support a thesis or illustrate ideas
- displays consistent facility in the use of language
- demonstrates syntactic variety and appropriate word choice

5 Demonstrates competence in writing on both the rhetorical and syntactic levels, hough it will probably habe occasional errors.

A paper in this category

- may address some parts of the task more effectively than others
- is generally well organized and developed
- uses details to support a thesis or illustrate an idea
- displays facility in the use of language
- demonstrates some syntactic variety and range of vocabulary

4 Demonstrates minimal competence in writing on both the rhetorical and syntactic levels.

A paper in this category

- addresses the writing topic adequately but may slight parts of the task
- is adequately organized and developed
- uses some details to support a thesis or illustrate an idea

- demonstrates adequate but possibly inconsistent facility with syntax and usage
- may contain some errors that occasionally obscure meaning

3 Demonstrates some developing competence in writing, but it remains flawed on either the rhetorical or syntactic level, or both.

A paper in this category may reveal one or more of the following weaknesses:

- inadequate organization or development
- inappropriate or insufficient details to support or illustrate generalizations
- a noticeably inappropriate choice of words or word forms
- an accumulation of errors in sentence structure and/or usage

2 Suggests incompetence in writing.

A paper in this category is seriously flawed by one or more of the following weakness:

- serious disorganization or underdevelopment
- little or no detail, or irrelevant specifics
- serious and frequent errors in sentence structure or usage
- serious problems with focus

1 Demonstrates incompetence in writing.

A paper in this category

- may be incoherent
- may be undeveloped
- may contain severe and persistent writing errors

0 A paper is rated 0 if it contains no response, merely copies the topic, is off-topic, is written in a foreign language, or consists only of keystroke characters.

10. 테크놀러지와 쓰기 지도

지난 10여 년 간 테크놀러지는 제2언어 교수와 학습에 엄청난 영향을 미쳤고 그리고 지금도 그 영향은 계속 되고 있다. 21세기 인터넷의 보급은 이메일이나 채팅사이트를 통한 문자 의사소통 활동의 기회를 보다 많이 가져왔으며 그 결과 정보화시대에 알맞은 쓰기 지도의 필요성이 대두되고 있다.

실제로, 최근 많은 외국어 교실이 최첨단 멀티미디어 시설이 갖추어져 있으며 쓰기 지도에서도 컴퓨터 관련 테크놀러지가 점점 더 많이 이용되고 있다. 일부 교사들의 경우 새로운 테크놀러지에 기초한 교수법을 교실 수업에 통합하는 것에 열성적인 반면에 다른 교사들은 교육의 기본은 인간적 상호작용이라는 것을 주장하며 테크롤러지의 통합을 교육 산업화의 한 단면으로 바라보는 시각도 있다. 현재로서는 초기의 지나친 낙관적 견해가 실제적 경험을 통해서 많이 완화되었지만 새로운 테크롤러지를 채택하여야 하는 사회적 압력은 거부하기가 어려운 상황이다. 따라서 첨단기술이 영어 쓰기 지도에 어떻게 이용될 수 있는가에 대한 비판적인 이해가 무엇보다 중요하다고 생각한다. 이러한 관점에서 본 장에서는 최근의 네트워크 컴퓨터를 중심으로 쓰기 지도를 살펴볼 것이다.

10.1 새로운 기술과 쓰기 지도

정보통신 기술의 급속한 발전은 영어 쓰기 지도에 새로운 기술의 통합을 요구하고 있다. 역사적으로 볼 때 새로운 기술의 발달은 우리가 글을 쓰는 방식, 글의 장르, 최종 원고의 형태(form), 글쓴이와 독자의 관계와 같은 인간의 쓰기 활동에 중요한 영향을 미쳐왔다. 새로운 정보통신 기술은 '새로운 문자 능력(new literacy)'이라는 용어를 만들었으며 영어 교사는 이러한 기술과 개념이 영어 교육에 어떠한 의미를 가지며 그리고 교실에 어떻게 적용될 수 있는가를 고민하지 않을 수 없다.

언어를 시각화한다는 점에서 쓰기는 항상 어떤 종류의 기술의 적용과 관련된다. 깃대, 연필, 타자기, 인쇄기와 같은 새로운 발명품은 쓰기의 새로운 방식과 관련된 새로운 기술인 것이다. 이런 측면에서 쓰기는 고정된 형식이라기 보다는 계속 진화하며 새로운 의사소통의 실제는 새로운 쓰기 기술과 그에 대한 이해를 요구한다. 예를 들어, 워드프로세서의 등장은 펜이나 연필로 쓰는 것과는 다른 새로운 기회와 도전을 제공하였으며 또한 최근 이메일 사용의 보편화는 편지를 쓰는 것과는 다른 이메일 작성 기술을 요하는 것이다.

새로운 기술은 무엇을 가르칠 것인가에 대한 암시뿐만 아니라 가르치는 방식, 교수법에도 영향을 미친다. 예를 들어, 워드프로세서의 등장은 보다 작문을 편리하게 할 수 있는 환경을 제공해 주어서 초고를 쓰고 수정하고 편집하는 과정을 보다 쉽고 빠르게 하도록 도와주며 그 결과, 학습자는 작문의 창의적인 구성에 보다 전념할 수 있으며 교사는 학습자들의 작문 과정이 보다 투명하고 효과적이도록 보다 많이 도와줄 수 있다.

무엇보다도 정보통신의 발달은 원거리 소통을 가능하게 함으로써 교사와 학생 간에, 그리고 학생과 학생 간에 보다 많은 정보나 조언의 교류를 가능하게 하였다는데 영어 교육에 의미가 크다고 하겠다. 학생들은 인터넷을 이용하여 온라인상의 텍스트를 수집하고 출판할 수 있으며 교실을 넘어서 의사소통의 경험을 확장시킬 수 있다. 온라인상에 글을 올려서 친구들로 부터 피이드백을 얻을 수 있으며 'keypals'나 'chat' 사이트를 통하여 의사소통(문자나 구두로)을 하고 온라인 작문 워크샵에 참가할 수도 있다.

그러나 여기서 우리가 인식해야 하는 중요한 점은 칠판이나 오버헤드 프로젝터, 비디어 등과 같은 교수도구와 마찬가지로 컴퓨터 그 자체가 학습자의 영어 학습의 향상을 가져다 주지는 않는다는 것이다. 테크놀로지는 다양한 언어 교수 접근방식을 지원할 수 있는 자원(resource)인 것이다. 다른 교수도구와 방법론과 마찬가지로 학생의 쓰기 행동에 변화를 가져올 수 있는 것은 컴퓨터가 어떻게 사용되는가에 따른다.

Warschauer & Kern(2000)은 언어 교육분야에서 컴퓨터의 사용은 언어 교육의 구조주의적 접근에서 인지주의를 거쳐 사회인지주의적 접근으로 전환을 반영한다는 것을 주장한다. 가장 초창기의 CALL(Computer-Assisted Language Learning) 프로그램은 문법과 어휘 훈련을 강조하고 컴퓨터는 튜터로 작동을 한다는 점에서 구조주의와 합치한다. 제2세대 CALL은 학습자가 컴퓨터를 이용하여 문제를 풀고 시뮬레이션 환경을 항해한다는 점에서 인지주의와 일치한다. 최근에는 학습자가 컴퓨터와 상호작용하는 것에서 컴퓨터를 이용하여 학습자가 다른 사람과 상호작용을 하는 것으로 옮아갔고 이것은 사회인지주의를 반영하는 것이다. 언어 교육 분야에서 학습 이론과 테크놀러지의 상호작용 방식은 실제 언어에 노출되어 의사소통을 목적으로 언어를 사용하는 함으로써 언어는 습득되어진다는 최근의 견해를 잘 반영하는 것이다. 이러한 영어 교육의 이론과 교수법의 변화는 메인프레임에서 개인 컴퓨터로 그리고 네트워크 컴퓨터로의 정보통신기술의 발전과 함께 하고 있다.

10.2 온라인 쓰기 지도

영어 쓰기 지도에서 컴퓨터의 역할은 바로 네트워크로 연결된 컴퓨터로 인한 것이다. 네트워크로 연결됨으로써 학습자들은 동시적으로 또는 비동시적으로 의사소통을 할 수 있기 때문이다:

> **동시적 쓰기(Synchronous writing): 연결된 컴퓨터를 이용하여 동시에 모든 참가자들이 실시간 문자로 의사소통할 수 있다.**
> **비동시적 쓰기(Asynchronous writing): 연결된 컴퓨터를 이용하여 학습자들이 비동시적으로 문자 의사소통할 수 있다.**

네트워크 컴퓨터를 이용하는 것은 학습자 협력을 통하여 개별적 기계사용이 가지는 장점을 최대화할 수 있다. 이것은 학습은 협력을 통하여 향상된다는 Vygostsky 이론과 능동적인 학습자인 학생들이 축적된 지식이나 경험을 바탕으로 스스로 의미를 구성해 나가는 학습 원리를 주장하는 구성주의(constructivism)를 반영하고 있다. 네트워크 컴퓨터를 이용한 작문에서는 전통적인 작문 수업에서 같이 작문 결과물에 대하여 교사로부터 단순한 평가를 받는 것으로 끝나지 않는다. 학습자는 자신의 작문을 써나가면서 동시에 다른 학습자와 컴퓨터를 통하여 서로 도움을 주고 받을 수 있는 것이다.

10.2.1 동시적 쓰기 환경

영어 쓰기 지도에 컴퓨터를 매개로한 의사소통(Computer-Mediated Communication)은 학습자에게 교실 밖에서 작문을 경험할 수 있는 다양한 언어 사용의 기회를 제공할 수 있다. EFL 환경인 한국학생들에게 가장 큰 문제점인 목표 언어의 실제적 사용에 대한 노출의 제한점을 극복하게 할 수 있으며 면대면 대화에서 나타나는 학습자의 불안감을 감소시키고 학습 동기를 강화시키는 것이 CMC 언어 학습 환경의 장점이라고 하겠다(성일호, 2001; Warshauer, 1996).

CMC를 활용한 의사소통의 방법으로 MOO(Multi-user domains Object-Oriented)는 동시적, 비동시적 문자 의사소통이 가능한 전형적인 텍스트를 기초로 한 가상 공간 사이트로 원거리에 있는 알지 못하는 독자(들)와 글을 자유롭게 주고 받을 수 있다. 학습자들은 여러 대상들로 가득찬 가상의 공간 환경을 창조하기도 하고 가상의 공간을 항해하면서 즉흥적인 이야기를 만들어 내고 토론을 할 수 있다. 이러한 쓰기 형식에 대한 좋은 예는 Welcome to Schmooze University(http://schmooze.hunter.cunny.edu:8888/)와 Lingua MOO(http://lingua.utdallas.edu)이다. 또한 쓰기 지도를 위한 좋은 환경으로는 Tapped In(http://www.tappedin.org)이 있다. 가상의 건물에서 교사는 사무실을 열고 수업을 실행할 수 있고 학생과의 상호작용 원고가 교사에게 이메일로 주어진다.

또한 널리 이용되는 채팅사이트로 'I seek you'를 소리나는 대로 옮긴 ICQ(ICQ.com) 사이트가 있다. 무료 프로그램으로 어느 때나 참가자들과 함께 대화를 나눌 수 있고 어떤 주제에 대한 글을 올릴 수도 있다(그림 10.1 참조).

그림 10.1 ICQ

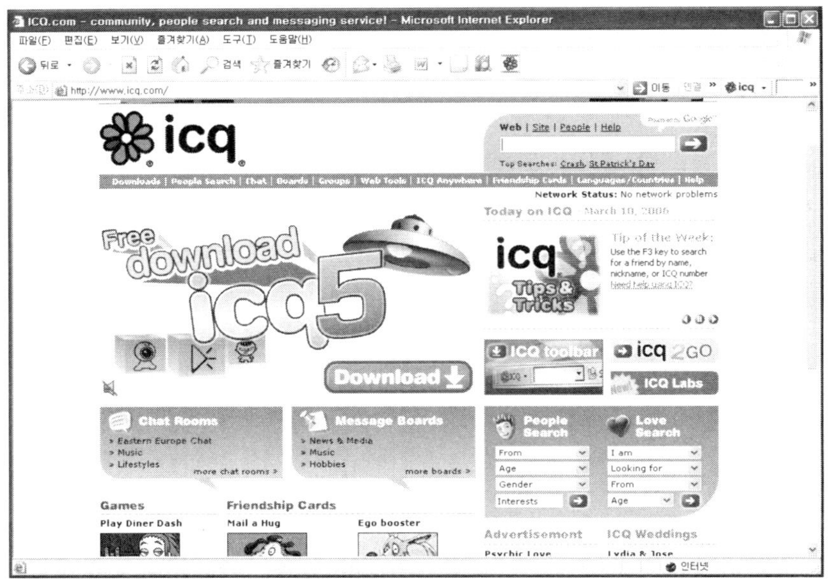

이외에도 인터넷 포탈사이트 Yahoo, MSN 등에서 제공되는 채팅사이트를 이용할 수도 있으며 교사가 수업 학생들을 위하여 문자 채팅 방이나 게시판을 개설하여 학생들에게 영어로 문자 의사소통을 하도록 자극할 수 있을 것이다.

다른 어떤 교수방법과 마찬가지로, CMC를 실시하기 전에 세심한 고려가 필요하다. CMC가 학습자들의 글쓰기에 대한 동기를 높여 줄 수 있지만 다른 한편 학습자들에 대한 태만한 통제로 인하여 학생들이 불완전하고 정형화되지 않은 언어를 산출하는 결과를 가져올 수 있으며 또한 수업의 과업이 아닌 개인적인 이야기를 하는 것으로 끝날 수 있다. CMC를 이용한 협력 작문과 아이디어 교환은 쓰기 지도를 위한 좋은 도구이지만 이러한 장점을 최대화하기 위해서는 CMC를 이용한 적절한 과업의 유형과 이것이 학습자의 문자 의사소통 능력의 발달에 어떻게 영향을 미치는가에 대한 고려가 함께 이루어져야 할 것이다. 최근 외국어를 배우는데 CMC를 이용하는 것이 면대면 상호작용의 경우보다 언어 출력을 구사하기 위한 준비시간이 길어져 통사론적으로나 어휘적으로나 보다 복잡한 표현을 많이 구사하였다는 연구들이 국내외에서 발표되고 있으며 계속적인 연구가 요구되어지는 분야이다(Han Jong-Im, 2004; Warschauer, 1995; Warschauer & Kern, 2000).

인터넷을 이용하여 원어민 영어 화자나 영어 학습자와 동시적 의사소통을 할 수 있는 사이트는 소개하면 다음과 같다.

ICQ
　http://www.icq.com/download/
New users inforamtion at
　http://www.mirabilis.com/icqtour
Dave's Internet Cafe Discussion Centre
　http://www.eslcafe.com/discussion/dv
The Speakeasy Studio and Cafe
　http://morrison.wsu.edu/studio/About.asp
ESL and Language Teachers'
Chatboard
　http://www.teachers.net/mentors/esl_language
CRIBE(Chat Room In Broken English)
　http://www.cup.com/bm7/cribe.htm

10.2.2 비동시적 쓰기 환경

네트워크 컴퓨터를 이용한 비동시적인 즉, 시간차를 주는 문자 의사소통으로는 가장 일반적인 것은 이메일이다. 동시적 의사소통에서는 참가자들이 함께 글을 구성해 나가는 반면에 비동시적인 문자 의사소통의 장점은 보다 여유를 가지고 작성한 메일을 보내기 전에 수정과 편집을 할 수 있다는 것이다. 많은 학생들은 텍스트파일로 이메일을 읽고 편집하고 다른 사용자에게 보내기를 익숙하게 하고 있다. 이메일을 통한 교실상호작용과 원거리 메일교환을 함으로써 학생들은 실제적인 독자와 목적을 가지고 영어 글을 쓰게 함으로써 학습자들의 영어 사용의 유창성과 정확성에 초점을 둔 효과적인 쓰기 지도를 할 수 있다. 수업에서 이메일을 이용하여 할 수 있는 활동을 소개하면 다음과 같다(김정렬, 2001, p.249).

대화활동(Dialogue)

가장 기본적인 방법으로 교사는 이메일로 학생에게 주제를 제시하고 질문과 답변을 송신하며 과제제시 및 피이드백을 제공할 수 있다. 또한 학생 상호간에 자유로이 자신을 소개하는 글을 주고 받게 할 수 있으며 글에 대한 의견을 주고 받도록 할 수 있다.

Chain stories or sentences

이메일을 통하여 문장이나 이야기를 연쇄적으로 만들어 내는 활동이다. 교사는 이메일로 하나의 문장이나 이야기를 한 학생에게 보내고 다음으로 그 교사의 이야기에 이어서 이야기를 덧붙이고 다른 학생에게 보낸다. 이러한 과정을 계속하게 되고 맨 마지막 학생이 완성된 이야기를 교사에게 보내고 교사는 이를 제시한다. 변형으로 한 학급을 3-4모둠으로 나누어서 동일한 이야기의 첫 부분을 각 모둠에 보내고 각각의 모둠에서는 이메일로 돌아가면서 이야기를 만들게 되고 각 모둠의 완성본을 취합하여 교사는 게시하고 학생들은 자신의 모둠과 다른 모둠의 이야기를 비교하고 서로 피이드백을 주고 받을 수 있다.

Story puzzles

교사가 문장의 순서가 뒤섞인 이야기를 학생들에게 보내고 학생들은 순서를 맞게 고쳐서 교사에게 보낸다.

Information-gap tasks

교사는 각 모둠에 서로 다른 정보를 제시해 주고 각 모둠으로 하여금 다른 모둠의 정보를 받아서 과업을 완수하도록 하는 것이다. 예를 들어, 모둠 1에게는 John의 오전 일과를, 모둠 2는 오후일과를, 모둠 3에게는 저녁일과를 알려주고 John의 하루의 일과에 대한 작문을 완성하도록 하는 것이다. 모둠 구성원들이 함께 협력하여 과업을 완수할 수 있다.

이러한 온라인 학습 컴뮤너티의 창조는 동료들과의 협동심뿐만 아니라 미지의 독자에게 글을 쓴다는 것이 무엇인가에 대한 인식과 지각을 일깨워줄 수 있다. 이메일은 지리적으로 멀리 다른 나라에서 살고 있는 영어 학습자들이 상호 문화간 교류와 협력 글쓰기 프로젝트를 하기 위한 좋은 매체이다. 또한 영어 학습자들이 원어민과 통신을 통하여 원어민 담화유형을 주목하고 그것을 자신의 글에 사용해 볼 수도 있을 기회를 제공한다. 현재 점점 더 많은 영어 교사들이 이메일을 교실프로젝트로 성공적으로 사용하고 있다. 학생들이 이메일 친구(keypal)를 만날 수 있는 사이트의 예는 다음과 같다.

Dave's E-Mail for ESL Students
http://www.pacificnet.net/~sperling/student.html
Keypals Club
http://www.mightymedia.com/keypals
The Meeting Place
http://www.encomix.es/~its/newdoor.htm
Keypals
http://www.reedbooks.com.au/heinmann/global/global1.html

제2언어 쓰기 지도 교사들을 위한 비동시적 통신이면서 유용한 정보를 얻을 수 있는 것이 메일링리스트이다. 각 리스트는 고유의 목적과 영역을 가지며 비슷한 관심을 가진 사람들을 연결시켜준다. 가입자는 질문, 의견, 공고, 응답 등을 이메일로 리스트에 보내면 이것이 모든 멤버에게 배포된다. 특히 영어 교사들은 리스트를 통하여 다른 동료교사들(원어민)과 정보 교환, 새로운 아이디어를 얻고 조언을 구할 수도 있다. 대부분의 리스트는 주제별로 보관되어 있어서 가입자는 관심있는 이전의 내용을 참고 할 수 있다. 교사뿐만 아니라 학생들을 위한 리스트도 있어서 동일한 취미나 관심거리를 공유하는 다른 학생들과 의사소통을 할 수 있으며 다른 문화에 대한 연구와 연구프로젝트를 실행할 수 있다.

교사를 위한 Mailing lists
Linguist List Information

http://www.baal.org.uk/baalf.htm
Writing discussion group
http://kalama.doe.Hawaii.edu/hern95/pc035/writing/whdalist.htm
TESL-L(TESL list) List: listserv@cunnyum.cunny.edu
Mail: eslcc@cunnyum.bitnet
NETTEACH-L(net ESL teaching)
listserve@raven.cc.ukans.edu

학생을 위한 Mailing lists

LaTrobe University announce-니@latrobe.edu.au
Tile.Net (info on lists) http://tile.net
Liszt directory (info) http://wwwliszt.com/

10.3 인터넷 자원과 쓰기 지도

인터넷은 거대한 온라인 정보창고라고 할 수 있다. 인터넷 사용자은 수많은 그리고 다양한 형식의 정보에 접할 수 있다. 이러한 거대한 정보의 원천지 인터넷은 영어 쓰기 지도의 많은 면에 변화를 가져다 주었다. 위에서 언급한 온라인 쓰기 활동뿐만 아니라 교사와 학습자가 쉽게 온라인 텍스트를 찾고 읽을 수 있도록 해 줌으로써 1) 프로젝트를 위한 데이터 제공, 2) 수업을 위한 정보, 과업, 재료 제공, 3) 분석을 위한 실제적 언어 제공, 4) 학생들이 자신의 글을 출판할 수 있는 장소를 제공한다.

10.3.1 내용의 원천

아마도 쓰기와 관련하여 인터넷의 가장 폭넓은 사용은 작문 과업을 위한 데이터를 위해서 일 것이다. 인터넷은 영어 작문에 사용될 수 있는 문화, 시사 뉴스, 정치, 경제, 문화, 오락 등에 대한 풍부한 데이터를 제공해 준다. 다른 한편 교사는 인터넷 데이터에 기초한 쓰기 과업을 만들어서 학생들에게 제시하여 학생들로 하여금 웹 서핑을 하여 유명인사, 여행 목적지 등에 대하여 정보를 수집하여 과업을 완수하게 할 수 있다. 예를 들어, 다음과 같은 과업을 제시할 수 있다.

그림 10.2 인터넷 정보에 기초한 쓰기 과업

- Go to www.olympic.org on the Internet. Click on SPORTS of the left side.
  Then click on the name of your sport. Read about your sport and then answer the questions below.
  1. When did it become an Olympic sport?
  2. How many years ago did it become an Olympic sport?
  3. Who is one of the sport's heroes?
  4. What country is that hero from?
  5. Did you know about that hero before?
  6. Click on the hero's photo: Read under the hero's name and answer, “What is special about him or her?”
  7. How many gold medals has this hero won?
  8. Click on “Learn More about this Discipline”: Read the story and answer, “How many different events does this sport have?”

- Write a report based on your answers about the questions.

또는 다음과 같은 과업을 통하여 전자 신문의 내용과 스타일을 분석하도록 할 수 있다.

표 10.1 웹기반 텍스트 과업

	전자 신문 1	전자 신문 2
헤드라인은 동일한가?		
기사에 사진이 실려있는가?		
기사의 시작이 동일한가?		
기사의 길이가 같은가?		
기사의 결론이 동일한가?		
보다 직접적 화법을 사용하는 기사는 어느 것인가?		
각 기사가 강조하는 부분은 어디인가?		

10.3.2 언어 데이터의 원천

인터넷의 풍부한 텍스트 재료를 이용하는 또 다른 방식은 언어 유형을 수집하고 분석하는 것이다. 저널 텍스트, 상업 텍스트, 과학 또는 학문적 텍스트를 살펴봄으로써 학생들은 문자 장르에 대한 통찰력을 얻을 수 있다. 신문, 잡지, 학술논문 등이 온라인상에 게재됨으로써 특정 분야의 영어 텍스트를 수집하는 것이 예전에 비하여 훨씬 쉬워졌고 이러한 온라인 텍스트는 영어 학습자가 문자 언어의 특질을 이해하는데 많은 도움을 줄 수 있다.

10.3.3 영어 학습 재료

인터넷은 언어 학습 재료의 원천이며 영어 글쓰기에 대한 조언을 얻을 수 있는 곳이다. 영어 학습자들을 위한 수백 개의 퀴즈, 퍼즐, 문법 활동, 그리고 간단한 조언을 해주는 사이트가 있다. 이러한 사이트는 일반적으로 영어 학습과 상호작용을 위한 다양한 과업을 제공한다.

영어 교사에게 유용한 웹사이트로 미국 대학 어학원에서 운영하는

Online Writing Labs(OWLs)가 있다. 온라인 정보와 과업뿐만 아니라 사이트에 등록을 하면 유인물과 튜터맨뉴얼도 내려받기를 할 수 있다. 이들 사이트의 예는 다음과 같다.

Purdue University On-line Writing Lab
  http://owl.english.purdue.edu
University of Richmond Writing Center
  http://www.ruchmond.edu/~writing/wweb.html
University of Victoria's Writer's Guide
  http://www.clearcf.uvic.ca/writersguide/welcome.html

그림 10.3 Purdue University OWL의 예

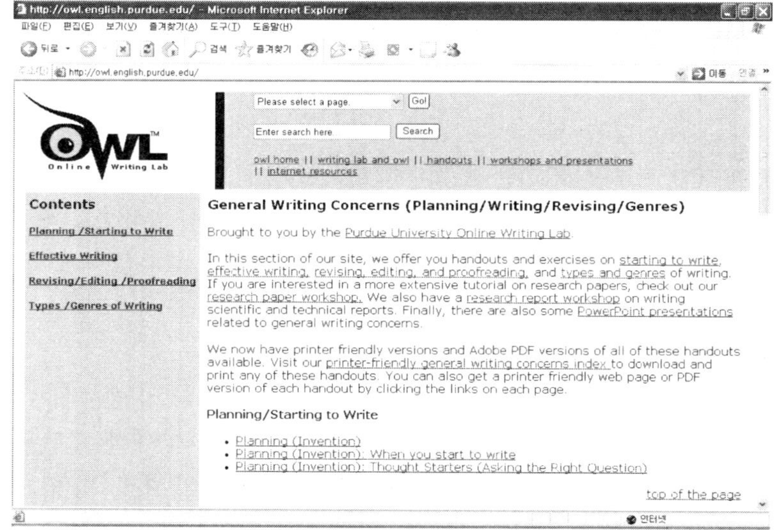

또한 http://www.geocities.com/Soho/Cafe/5287/YouCan.html 같은 사이트

를 이용하여 영어 학습자는 영어 쓰기 연습을 재미있게 할 수 있으며 http://stipo.larc.nasa.gov/sp7084/sp7084cont.html 사이트에서 작문에 필요한 문법, 구두점/대문자 사용에 대한 체계적인 공부를 할 수도 있다.

10.3.4 출판의 출구

인터넷은 학생들이 자신의 글을 출판할 수 있는 대안적 출구를 제공한다. 자신의 글을 출판하는 것은 학생들에게 잠재적 거대 독자를 대상으로 글을 전시한다는 자부심과 만족감을 줄 것이다. 교사는 작문 과목을 위하여 사이트를 만들어서 학생들이 글을 게시할 수 있도록 할 수 있다. 최근에는 컴퓨터에 능속하지 않은 사용자도 쉽게 웹페이지를 만들 수 있는 여러 가지 방법이 있다. 이 때 고려할 점이 학습자의 최종원고만을 출판하게 할 것인지 아니면 과정 중에 있는 원고를 친구나 교사의 피이드백을 위하여 게시하게 할 것인가이다. 다음은 웹상에 사이트를 만들고 학생들이 작문을 게시한 예이다.

그림 10.4 웹상 작문 게시의 예

10.4 코퍼스의 활용

코퍼스와 컨코던서(concordancer)의 사용은 쓰기 지도에 또 하나의 가장 놀라운 기술의 적용이라고 하겠다. 코퍼스는 특정 언어 사용 영역을 대표하는 수백만의 단어로 구성된 컴퓨터가 읽을 수 있는 텍스트의 집합체를 가리킨다. 컨코던싱 소프트웨어는 특정 단어나 구를 코퍼스에서 찾고 결과를 KWIC(Key Word in Context)로 전시하는 프로그램이다. 연결성이 없는 텍스트의 행들의 목록으로 각 행의 중앙에는 찾는 어휘가 나타나고 양 쪽으로는 바로 다음에 이어지는 단어들이 나타난다. 코퍼스와 컨코던싱 프로그램이 가능해 짐으로써 영어 쓰기 지도는 지식의 전달에서 보다 학습의 기회를 제공하는 방향으로 나아가고 있다.

다음은 'paradise'를 검색했을 때 Cobuild Direct 코퍼스 샘플러가 제공하는 결과이다. 길이는 편집되었다.

그림 10.5 Paradise에 대한 검색의 예

is also a sign of trouble in	**paradise.**	9 Maintaining love isn't
p] Grand Cayman is another diver's	**paradise,**	almost completely surrounded by
Socialists Republics-the worker's	**paradise**	as it was once called earlier in
s garden, on the other hand, was a	**paradise**	at this time of year. Flowering
dormitory. It was a bachelor's	**paradise.**	Attractive, intelligent women
venerable past. Squaw is a skier's	**paradise**	because of the sheer variety and
South America that he'd discovered	**paradise.**	Columbus also happened to think
Garden of Eden, but that image of	**paradise**	doesn't quite hold up in the 85
of Martha's Vineyard is known as a	**paradise**	for artists and photographers
fee required to enjoy our shopper's	**paradise,**	home to world-famous Mrs. Knott's
intends to erect his gambler's	**paradise.**	I am not now, and nor have I ever
Paradise" is a cliche, but	**paradise**	it is. [p] Bitter End has 81
come over. I'm like-it was like	**paradise.**	It was just like, you know

다음은 Cobuild Direct Collocation을 이용하여 'chocolate'와 함께 흔히

사용되는 연결 단어들을 검색한 결과이다.

그림 10.6 chocolate와 연결되는 단어들

1. ◆ milk ◆	11. ◆ coffee
2. ◆ cake	12. plain ◆
3. hot ◆	13. ◆ fudge
4. white ◆	14. ◆ egg
5. ◆ cream	15. rich
6. ◆ bar	16. box (of) ◆
7. dark ◆	17. eat ◆
8. ◆ mouse	18. ◆ biscuits
9. ◆ bars	19. ◆ ice
10. melted ◆	20. ◆ cocoa

인터넷상에서 교사와 학습자가 이용 가능한 몇몇 코퍼스를 소개하면 다음과 같다(Yun, 2005).

British National Corpus
Collins COBUILD English Corpus
International Corpus of English
Virtual Language Center
Michigan Corpus of Academic Spoken English

컨코던싱 소프트웨어의 사용은 코퍼스의 특정 언어 특질을 알려주며 반복되는 유형의 상대적 중요성을 판단할 수 있다. 즉, 특정 유형이 등일한 장르에서 자주 나타난다면 우리는 그 유형을 그 장르의 중요한 특질로 다룰 수 있는 것이다. 따라서 규칙성은 예측성에 대한 기초를 제공하고 특정 장르가 전형적으로 어떻게 쓰여지는가에 대한 이해를 돕는다. 다른 한편 컨코던싱은 단어들이 전형적으로 어떤 환경에서 나타나는가와 관련된 연어(collocation) 목록을 찾는데 이용될 수 있다. 영어 학습자를 위한 유료 컨코던서로 대표적인 것은 WordPilot 2000(www.compulang.com)과 MonoConc(www.athel.com)가 있다.

그림 10.7 WordPilot 2000

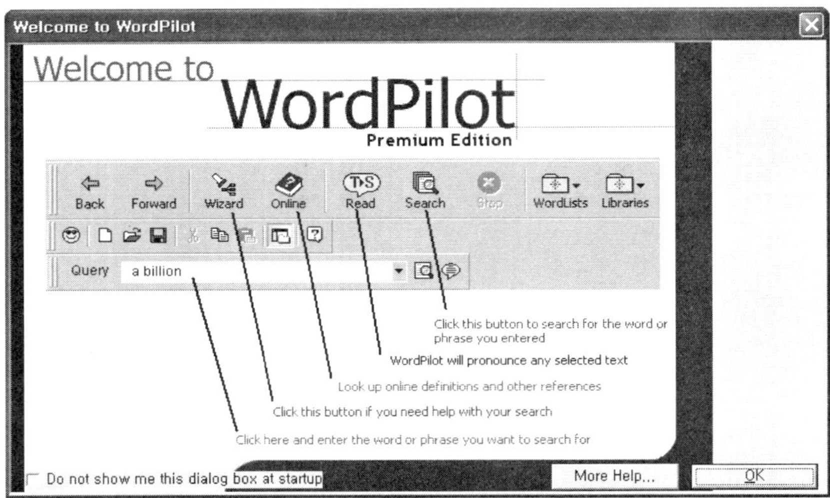

교사는 두 가지 방식으로 교실수업에 코퍼스를 이용할 수 있다. 첫 번째는 특정 장르를 지도하면서 코퍼스를 이용하여 가장 일반적인 단어나 유형을 찾아내는 것이다. 찾은 내용을 근거로 연습문제나 활동에 실제적인 용례를 이용할 수 있다. Hadley(2001)는 이러한 방법을 통하여 학습자들은 어휘 지식과 함께 작문 능력이 향상되었다는 것을 보고한다. 예를 들어, 교사는 코퍼스를 이용하여 medicine, take medicine, prescribe medicine과 같은 연어를 제시하고 다음과 같은 연습 과업을 실시할 수 있을 것이다.

❶ If you wear contact lenses, ask your health care provider if you should wear them while you are __________ the eye medicine. Also ask if the medicine you have been __________ will stain your contact lenses.
❷ If your doctor ___________ a new antibiotic, take all of the medicine as prescribed.
❸ Many antihistamines cause drowsiness, so you may want to ___________ the medicine only at bedtime.
(Yu Hua Chen, 2004, p.4)

이러한 과업을 통하여 영어 학습자는 medicine 단어사용에 대한 지식을 향상시킬 수 있다. 다음으로는 교사는 학생들에게 컨코던스를 어떻게 사용하는가에 대하여 가르치는 것이다. 이를 통하여 학생들은 작문에서 관례적인 유형에 대한 인식이 높아질 것이고 쓰고자 하는 텍스트에 대한 보다 귀납적인 이해를 쌓을 수 있다. 학습자들이 직접적으로 코퍼스에 접근하는 것은 코퍼스의 두 가지 방식의 사용을 제시한다. 연구의 도구로써 언어 사용에 대한 인식을 높이는 방법으로서 코퍼스가 체계적으로 조사될 수 있으며 참고 도구로써 영어 글을 쓰면서 문제가 발생할 때 참고서로 이용될 수 있다.

참고문헌

권연진, 김용석. (2000). 네트워크된 컴퓨터상에서의 영어 쓰기 학습이 영어교육의 말하기 학습에 미치는 영향. *언어학*, 26, 43-74.

교육부. (1997). *제7차 외국어과 교육과정(I)*. 서울: 교육부.

김대진. (2001). 전자우편을 이용한 영어 쓰기 학습 교수의 최적화를 위한 근접발달지대 (ZDP) 개발에 관한 연구. *한국멀티미디어학회, 3*(2), 100-119.

김영민. (1997). 초등 영어교육의 포트폴리오 평가 적용. *영어교육, 52*(2), 289-305.

김영태, 조순영. (2000). 초등학교 영어 쓰기 지도 방안. *Foreign Language Education, 7*(2), 115-138.

김영철. (2002). 통합적인 초등 영어 읽기, 쓰기 교수 학습에 관한 연구. *Studies in English Education, 7*(2), 37-59.

김정렬. (2001). *웹기반 영어교육*. 서울: 한국문화사.

김현진. (2000). 과정중심의 초등영어 쓰기 지도책략. *초등영어교육, 6*(2), 123-146.

문영인, 이정옥. (2005). 영어 일기 쓰기가 초등학생들의 전반적인 쓰기 능력에 미치는 영향. *영어교육연구, 17*(2), 135-158.

손미용, 이재근. (2005). 중학교 1학년 영어교과서의 쓰기 활동 자료 분석. *영어어문교육, 11*(3), 139-164.

송명석. (2002). 과정중심 쓰기 지도를 활용한 영어 쓰기 능력 신장. *언어연구, 18*(1), 23-56.

성일호. (2001). CMC를 활용한 영어학습의 가능성-Tapped In Moo를 중심으로. *영어영문학연구, 27*(2), 361-381.

안수웅, 정인숙. (2004). Grammar Dictation을 통한 중학생의 영어 쓰기 지도 방안. *영어교육연구, 16*(1), 131-155.

이영란. (2003). *제7차 교육과정에 따른 중학교 영어 교과서 분석: 쓰기 활동을 중심으로.* 미출간 석사학위 논문. 한양대학교, 서울.

이용훈. (1999). Key-Pal을 통한 영어 쓰기 지도. *Foreign Language Education, 5*(2), 165-188.

이정원, 홍영주. (2001). 과정중심 피이드백이 영어 쓰기 능력 향상에 미치는 영향. *영어교육, 56*(2), 265-85.

이종화. (2002). 받아쓰기를 활용한 초등영어 쓰기 지도 방안. *Foreign Language Education, 9*(1), 141-160.

정양수. (2002). 인터넷을 활용한 영어 쓰기 학습의 효과와 효율적인 교수설계에 관한 연구, *한국멀티미디어언어교육학회, 5*(2), 130-155.

정재욱. (2002). *중학교 영어 교과서의 쓰기 활동 분석.* 미출간 석사학위 논문. 한양대학교, 서울.

정행. (2002). 쓰기집(Writing Portfolio)을 활용한 영작문지도와 평가. *Studies in English Education, 4*(1), 115-134.

조동환. (2001). 웹기반 영작문 수업. *영어교육 56*(2), 287-307.

최연희. (1999). 자가평가 중심의 포트폴리오가 한국 대학생의 영어 청해 학습에 미치는 영향에 관한 연구. *Foreign Language Education,*

5(2), 73-90.

최연희. (2000). *영어과 수행평가의 이론과 실제.* 서울: 한국문화사.

최재영. (2000). 쓰기를 통하여 배우는 영어 쓰기. *초등영어교육, 6*(1), 63-90.

Bamforth, R. (1993). Process vs. genre: anatomy of a false dichotomy. *Prospect 8*(1), 89-99.

Bartlett, F. C. (1932). *Remembering: A study in experimental and social psychology.* Cambridge, UK: Cambridge University Press.

Batstone, R. (1995). *Grammar.* Oxford: Oxford University Press.

Bereiter, C., & Scardamalia, M. (1987). *The psychology of written composition.* Hillsdale, NJ: Erlbaum.

Ballard, B., & Clanchy, J. (1991). Assessment by misconception: cultural influences and intellectual traditions. In L. Hamp-Lyons (Ed.), *Assessing second language writing in academic contexts* (pp. 19-30). Norwood, NJ: Ablex.

Blanton, L. (2001). *Composition Practice.* Boston, MA: Heinle & Heinle.

Breen, M. (2001). Syllabus design. In R. Carter and D. Nunan (Eds.), *The Cambridge guide to teaching English to speakers of other languages* (pp. 151-9). Cambridge: Cambridge University Press.

Brown, H. D. (2000). *Principles of language learning and teaching.* NY: Longman.

Brown, H. D. (2004). *Language assessment: Principles and classroom practices.* NY: Person Education, Inc.

Brown, J. D., & Hudson, T. (1998). The alternatives in language assessment. *TESOL Quarterly*, 32(4), 653-75.

Brown, K., & Hood, S. (1989). *Writing Matters.* Cambridge: Cambridge University Press.

Bruner, J. S. (1986). *Acts of meaning.* Cambridge, MA: Harvard University Press.

Burch, C. B. (1997). Creating a two-tiered portfolio rubric. *English Journal, 86*(1), 55-58.

Canale, M., & Swain, M. (1980). Theoretical bases of communicative approaches to second language testing and teaching. *Applied Linguistics, 1*(1), 1-47.

Carrell, P. L. (1984). The effect of rhetorical organization on ESL readers. *TESOL Quarterly, 18*(3), 441-469.

Cazden, C. (1972). *Child language and education.* New York: Holt, Rinehart & Winston.

Choi, Yeon Hee & Lee, Jieun. (2006). L1 use in L2 writing Process of Korean EFL students. *English Teaching, 61*(1), 205-225.

Coe, N., Rycroft, R,. & Ernest, P. (1992). *Writing: A problem solving approach.* Cambridge: Cambridge University Press.

Cohen, A. (1983). 'Reformulating compositions'. *TESOL Newsletter* XVII/6:1-5.

Cohen, A. (1994). *Assessing language ability in the classroom.* Boston: Heinle & Heinle.

Collins COBUILD English Dictionary. (1995). London: Collins.

Connor, U. (1996). *Contrastive rhetoric.* Cambridge: Cambridge University Press.

Cook, G. (1989). *Discourse.* Oxford: Oxford University Press.

Coombs, V. M. (1986). Syntax and communicative strategies in intermediate German composition. *The Modern Language Journal, 70*, 114-124.

David, E. S., & Choe, P. Y. (2003). *First Writing.* Seoul: Compass.

Donovan, T. R., & McClelland, B. W. (1980). *Eight approaches to teaching composition.* Urbana, IL: National Council of Teachers of English.

Eggington, W. G. (1987). Written academic discourse in Korean: Implications for effective communication. In U. Connor & R. Kaplan (Eds.), *Writing across languages: Analysis of L2 text*, Reading, MA: Addison-Wesley.

Elbow, P. (1998). *Writing with power: techniques for mastering the writing process.* New York: Oxford University Press.

Ellis, R. (1987). Contextual variability in second language acquisition and the relevancy of language teaching. In R. Ellis (Ed.), *Second language acquisition in context* (pp. 179-94). Englewood Cliffs, NJ: Prentice Hall.

Emig, J. (1971). *The composing process of twelfth graders.* Urbana, IL: National Council of Teachers of English.

Faerch, C., & Kasper, G. (1983). *Strategies in interlanguage communication.* Harlow: Longman.

Feez, S. (1998). *Text-based syllabus design.* Sydney: Mcquarie University/ AMES.

Ferris, D., & Hedgcock, J. (1998). *Teaching ESL composition: Purpose, process and practice.* Mahwa, NJ: Lawrence Erlbaum.

Flower, L., & Hayes, J. (1977). Problem solving strategies and the writing process. *College English, 39*, 449-61.

Flower, L., & Hayes, J. (1981). A cognitive process theory of writing. *College Composition and Communication, 32*, 365-87.

Flowerdew, J. (1993). 'An educational or process approach to the teaching of professional genres.' *EST Journal, 47*(4), 305-316.

Hadley, G. Concordanceing in Japanese TEFL: Unlocking the Power of Data Driven Learning, 2001. Retrieved July 6, 2004 from http://www.nuis,ac.jp/%7Ehadley/publication/jlearner.htm

Halliday, M. A. K. (1989). *Spoken and Written Language.* Oxford: Oxford University Press.

Hamp-Lyons, L., & Condon, W. (1993). Questioning assumptions about porfolio-based assessment. *College Composition and Communication, 44*(2), 176-90.

Hamp-Lyons, L., & Condon, W. (2000). *Assessing the portfolio: principles for practice, theory and research.* Cresskill, NJ: Hampton Press.

Hamp-Lyons, L., & Heasley, B. (1987). *Study writing.* Cambridge: Cambridge University Press.

Han Jong-Im. (2005). A study on the quality of language in text-based CMC tasks. *Foreign Language Education, 12*(3), 39-63.

Harmer, J. (2001). *The practice of English language teaching*. Harlow: Longman.

Harris, J. (1993). *Introducing Writing*. London: Penguin.

Hedge, T. (1988). *Writing.* Oxford: Oxford University Press.

Hinds, J. (1987). Reader versus writer responsibility: A new typology. In U. Connor and R. B. Kaplan (Eds.), *Writing across languages: analysis of L2 text.* Reading, MA: Addison-Wesley.

Hoey, M. (1983). *On the surface of discourse.* London: George Allen and Unwin.

Hopkins, A., & Tribble, C. (1989). *Outlines.* Harlow: Longman.

Huh, Myoung-Hye. (2001). Translation strategy in EFL writing. *English*

Teaching, 56(4), 75-90.

Hyland, K. (2003). *Second Language Writing.* Cambridge: Cambridge University Press.

Johns, A. M. (1997). *Text, role and context: developing academic literacies.* Cambridge: Cambridge University Press.

Jordan, B. (1990). *Academic writing course.* London: Collins.

Kachru, Y. (1996). Culture in rhetorical styles: contrastive rhetoric and world Englishes. In N. Mercer and J. Swann (Eds.), *Learning English: development and diversity* (pp. 305-14). London: Routledge.

Kaplan, R. (1966). Cultural thought patterns in intercultural education. *Language Learning, 16*, 1-20.

Kelly, C., & Gargagliano, A. (2004). *Writing from within.* Hong Kong, China: Cambridge University Press.

Kepner, C. G. (1991). An experiment in the relationship of types of written feedback to the development of second language writing skills. *The Modern Language Journal, 75*, 305-13.

Kern, R. G., & Schultz, J. M. (1992). The effects of composition instruction on intermediate level French students' writing performance: Some preliminary findings. *The Modern Language Journal, 75*, 305-313.

Kim, Eunhee. (2005). A study on the writing sections of the middle school English textbooks in Korea. Presented at the 10th conference of PAAL, University of Edinburgh.

Koda, K. (1993). Task-induced variability in foreign language composition: Language-specific perspectives. *Foreign Language Annals, 26*, 332-346.

Kramsch, C. (1993). *Context and culture in language teaching.* Oxford:

Oxford University Press.

Krashen, S. (1993). *The power of reading: insights from the research.* Englewood, CO: Libraries Unlimited.

Kress, G. (1982). *Learning to write.* London: Routledge and Kegan Paul.

Kroll, B. (2002). Considerations for teaching an ESL/EFL writing course. In M. Celce-Murcia (Ed.), *Teaching English as a Second or Foreign Language* (pp. 219-232). Boston: Heinle & Heinle.

Leki, I. (1992). *Understanding ESL writers: a guide for teachers.* Portsmouth, NH: Boynton/Cook.

Lightbown, P. M., & Spada, N. (2003). *How languages are learned.* Oxford: Oxford University Press.

Magee, B. (1973). *Popper.* London: Fontana.

Markus, H., & Kitayama, S. (1991). Cultures and the self: implications for cognition, emotion and motivation. *Psychological Review*, 98, 224-53.

Martin, J. R. (1989). Factual writing: *Exploring and challenging social reality.* Oxford: Oxford University Press.

Min, Chan-Kyu & Kim, Jin. (2005). The effects of dialogue journal writing on Korean high school EFL writing education. *English Teaching, 60*(4), 71-86.

Mittan, R. (1989). The peer review process: harnessing students' communicative power. In D. Johnson & D. Roen (Eds.), *Richness in writing: empowering ESL students* (pp. 207-19). Now York: Longman.

Nunan, D. (1989). *Designing tasks for the communicative classroom.* Cambridge: Cambridge University Press.

Nunan, D. (1992). *Research methods in language teaching.* Cambridge:

Cambridge University Press.

Oshima, A., & Hogue, A. (1999). *Writing academic English* (3rd ed.). London: Longman.

Oxford Advanced Learners' Dictionary. (1995). Oxford: Oxford University Press.

Oxford, R., Hollaway, M., & Horton-Murillo, D. (1992). Language learning styles: Research and practical considerations for teaching in the multicultural tertiary ESL/EFL classroom. *System, 4*, 439-56.

Park, Hyesook. (2001). Process-oriented instruction and development of L2 writing. *Foreign Language Education, 8*(2), 173-91.

ParK, Hyesook. (2003). Korean EFL learners' development of L2 writing: With a special reference of strategy use. *Journal of PAAL, 7*(2), 299-314.

Phillipson, R. (1992). *Linguistic imperialism.* Oxford: Oxford University Press.

Purves, A. C. (ed.). (1988). *Writing across languages and cultures: Issues in contrastive rhetoric*. Newbury Park, CA: Sage.

Raimes, A. (1983). *Techniques in Teaching Writing.* New York: Oxford University Press.

Raimes, A. (1985). What unskilled ESL writers do as they write: a classroom study of composing. *TESOL Quarterly, 19*(2), 229-58.

Reid, J. M. (1987). The learning style preferences of ESL students. *TESOL Quarterly, 21*(1), 87-109.

Reid, J. M. (1993). *Teaching ESL writing.* Englewood Cliffs, NJ: Regents/ Prentice Hall.

Rowntree. K. (1991). *Writing for success: A practical guide for New*

Zealand students. Auckland: Longman.

Schleppegrell, M. (1998). Grammar as resource: Writing a description. *Research in the Teaching of English, 32*(2), 182-211.

Scott, V. M. (1996). *Rethinking foreign language writing.* Boston, MA: Heinle & Heinle.

Schultz, J. M. (1991). Writing mode in the articulation of language and literature classes: Theory and practice. *The Modern Language Journal, 75*, 411-417.

Semke, H. D. (1984). Effects of the red pen. *Foreign Language Annals, 17*, 195-202.

Silva, T. (1990). Second language composition instruction: developments, research insights for the classroom. In B Kroll (Ed.), *Second language writing* (pp.11-23). Cambridge: Cambridge University Press.

Silva, T. (1993). Toward an understanding of the distinct nature of L2 writing: the ESL research and its implications. *TESOL Quarterly, 27*, 665-77.

Skehan, P. (1989). *Individual differences in second language learning.* London: Edward Arnold.

Stubbs, M. (1987). An educational theory of (written) language. In T. Bloor & J. Norrish (Eds.), Written English. London: CILT/BAAL.

Swales, J. (1990). *Genre Analysis.* Cambridge: Cambridge University Press.

Tribble, C. (2003). *Writing.* Cambridge: Cambridge University Press.

Valdez Pierce, L., & O'Malley, J. M. (1992, spring). Performance and portfolio assessment for langauage minority students. *NCBE Program Information Guide Series, 9.*

Vanett, L., & Jurich, D. (1985). The missing link: Connecting journal writing to academic writing. Paper presented at the conference of CATESOL, April 19.

Vygotsky, L. (1978). *Mind in society: The development of higher psychological processes.* In M. Cole, V. John-Steiner, S. Scribner, and E. Souberman (Eds.). Cambridge, MA: Harvard University Press.

Warschauer, M. (1995). *E-mail for English teaching: bringing the Internet and computer learning networks into the language classroom.* Alexandria, VA: Teachers of English to speakers of Other Languages.

Warschauer, M., & Kern, R. (Eds.) (2000). *Network-based language teaching: concepts and practice.* Cambridge: Cambridge University Press.

White, R. (1987). *Writing.* Oxford: Oxford University Press.

White, E. (1994). *Teaching and assessing writing.* San Francisco: Jossey-Bass.

White, R., & Arndt, V. (1991). *Processing writing.* Harlow, UK: Longman.

White, R., & V. Arndt. (1991). *Process Writing.* Harlow: Longman.

White, R. (1987). *Writing.* Oxford: Oxford University Press.

Yu Hua, Chen. The use of copora in the vocabulary classroom. ms. University of Melbourne, Australia, 2004. Retrieved July 6, 2004 from http://iteslj.org/Techniques/Chens-Copora.html

Yun, Hung-sup. (2005). Copora use for EFL vocabulary learning and teaching, *Studies on English Language & Literature, 31*(3), 183-200.

Zamel, V. (1983). The composing processes of advanced ESL students: six case studies. *TESOL Quarterly, 17*(2), 165-87.

찾아보기

가

나

다

라

마

바

사

아

자

차

카

타

파

하

C

M

S